主体的・対話的で
深い学びを実現する！

社会科授業ワーク大全 6年

授業のまとめ&
自主学習に
使える

朝倉 一民 著

明治図書

はじめに

前著『板書＆展開例でよくわかる 社会科授業づくりの教科書』シリーズでは各学年の毎時間の授業について，「主体的・対話的で深い学び」を実現する授業展開の実践例を板書画像も加えながら執筆することができました。おかげさまで，全国の多くの先生たちに手にとってもらえているようで嬉しく感じています。拙著を参考にしながら，全国の小学校社会科の授業がさらに改善していくことを願っています。

さて，本著ですが，前著の『社会科授業づくりの教科書』シリーズを受けて，主体的に学んだ子どもたちの知識の習得・定着を目指したものであります。

とは言っても，内容は穴埋め問題と記述問題です。そう珍しいわけではありません。しかし，求める答えはどの教科書にも登場する「重要語句」が基本となっています。問題文は，各時間の学ぶべき内容をコンパクトにまとめた文章となっております。そして，記述問題はその単元での社会的事象を多角的に考察し，問題解決した上で，社会への関わり方を選択・判断できる問いとなっております。つまり，前著で展開する「主体的・対話的で深い学び」を問い直す内容になっています。

私は社会科の授業について，問題解決の学習展開はどの地域でも意識的に行われていると思いますが，「問題を解く」といった活動はあまり行われていないような気がします。国語での漢字のミニテスト，算数での計算問題……これらと同じぐらい社会科も問題に取り組むことが必要だと考えています。なぜなら，社会科は「内容教科」であり，事実を知ること，事象の意味を理解することが重要だからです。

社会科は「暗記科目」ではありません。単語だけを覚えても，今年度から始まる新学習指導要領が明示する「資質・能力」を養うことにはならないでしょう。しかし，問題を解き，重要語句をアウトプットすることは，非常に主体的な学習になります。穴埋め問題を埋めるときは資料や前後の文脈から，学んだ知識を検索して答えを入力します。自然に頭の中で問い直しを行うことになるのです。

問題を解くと，脳内には「ドーパミン」（やる気物質）が分泌されるそうです。脳はさらにその快感を味わおうと問題を解く活動を「強化」するそうです。つまり，もっと問題を解きたくなるわけです。

ですから，この問題プリントをコピーして何度も，何度も取り組ませてほしいと思います。正答でも誤答でもかまいません。大切なことは解くことです。わからなかったら教科書を見てもよいです。とにかく何度も繰り返し，ドーパミンを分泌し，知識を習得してほしいと思います。私が考え抜いて作成した問題にどうぞ，挑戦してください。

朝倉一民

目　次

第３章 国際編

日本とつながりの深い国

国際連合

第４章 人物編

第5章 年表編

第6章 地図編

第7章 付録編

※本文中のワークにつきまして，紙面の関係から，解答欄がやや狭くなっているものもございます。コピーして使用される際は，拡大してご活用いただければ幸いです。

本書のねらい

あえて「アクティブ・ラーニング」と言いますが，今年度から新学習指導要領が本格的に実施され，社会科の授業でも，子どもたちの「アクティブ・ラーニング」が見られるでしょう。

- ・自分なりに課題をつくって学習計画を立てる
- ・問題解決したことから新たな課題を見出す
- ・友達と対話して，自分の考えを広げていく
- ・問題を解決するために，インターネットや文献から情報を引き出し，取捨選択する
- ・社会的な見方・考え方を働かせ，自分の考えを構想したり，判断したりする

といった場面が増えていくと考えます。

ここで問題となるのが「評価」です。

評価というと先生たちのイメージとして，すぐに頭に浮かぶのは「通知表」ですね。保護者に発行する通知表作成のために，通知表作成時期になると，テストをしたり，まとめの新聞を評価したり，ノートを点検したりして，評価の材料を集める……それは保護者からのクレームに対応するためでもあります。そこに，昨今の「働き方改革」もあいまって，通知表の内容が形骸化し，評価が効率化され，悪い点をとらせないように，予め答えを配布する……など，なんだか教育の本質から離れたことになってはいないでしょうか？

そもそも，評価には「形成的評価」と「総括的評価」というものがあります。みなさんがイメージする「通知表」は後者になります。長い学期の学習のまとめとして，全体を通して，どこがよくて，どこが苦手だったのかを判断する評価です。同時にそれは次へのステップとなるものでなければいけません。

一方で「指導と評価の一体化」という言葉が，学習指導要領にはもう何年も前から明示されています。この場合の評価は，短いスパンで子どもを見取り，学びの過程を修正し，成長させていくための評価です。つまり前者の「形成的評価」ということになります。

冒頭にお話しした「アクティブ・ラーニング」における学習活動にはこの形成的評価が必要不可欠です。文科省は「多様な評価方法」ということで「学びの成果物やスピーチ，プレゼンテーション」といったものについて，ルーブリックと呼ばれる「評価基準」を作成し，繰り返し評価する「パフォーマンス評価」を推奨しています。その都度，評価を行うことで子どもたちの成長を促すことにつながります（「思考・判断・表現」の評価に適する）。

では，「知識・技能」の評価はどうでしょう？

「知識・技能」の評価も，昔から先生たちはミニテストを作成し何度も実施してきたはずです。しかし，いつの間にかその

ミニテストの平均点を集計して通知表に反映させたり，忙しさのあまりミニテストすら行わない……なんてこともあったりするのではないでしょうか？

「知識・技能」の評価も，形成的評価の視点が大切です。点数を平均化することは全く意味がありません。それでは，はじめはできなかった子がどんどん力をつけても，通知表には反映されないことになってしまいます。そして，子どもたちはどんどん間違いを恐れ，失敗に耐えられない特性をもってしまうのです。

今回，私が作成した，この「ワーク」は，子どもたちが社会科の数多くの「知識」を多角的な見方・考え方で解く内容になっています。教科書には出てこない「難問」も用意しています。さらに，自分の考えを記述する問題も用意しました。そう簡単には解けないかもしれません。でも，それでよいと思っています。私はこのワークで子どもたちにどんどん間違ってほしいです。そして，何回も挑戦してほしいと思っています。何度も繰り返すことで知識を習得することを願っています。ですから，このワークを活用する先生たちにお願いです。決して，通知表の材料にしないでください。総括的評価ではなく，形成的評価のために活用してほしいと願っています。間違う楽しさとわかる楽しさを子どもたちに体感してもらいたいです。

巻末には，「自己採点シート」も準備しました。問題に何度も挑戦し，得点を記入して自分の学びの過程をメタ認知してほしいです。

また，「問題づくりシート」も準備しました。問題を解くことの楽しさを知ったら，きっと自分たちでも問題をつくりたくなるはずです。簡単な問題，難問，おもしろ問題，穴埋め問題，選択問題，記述問題……何でもよいです。問題を作成する力は「アクティブ・ラーニング」に他なりません。答えを何にするか？　選択肢をどうするか？　間違えやすい問題にするには？　ひっかけ問題は？　と考え，問題を通して表現する学びは，かなりの高度な思考スキルを要します。

中を開くとわかるように，本書は上側に「ワーク」があり，下側に解答を記しました。ワークの最下段には，ヒントということで「選択肢」を置いていますが，必要に応じて折るなどしてふせて取り組むようにしてもかまいません。ただ，６年生ですから自分で採点ができるように解答も渡してあげてください。わからない問題があったら，教科書を読むことが大切です。それでもわからなければ，解答を見ましょう。

授業中に取り組んでも，宿題プリントとしてもたせてもかまいません。ただ，力をつけるための「ワーク」として扱ってくれれば幸いです。

ワークに取り組む上での約束～7か条～

① まずは何も見ずに取り組みましょう

② 問題文は必ず読みましょう

③ わからない問題は，とばしましょう

④ 教科書を見ながら取り組んでもかまいません

⑤ 終わったら自分で丸つけをしましょう

⑥ 正答数は自己採点シートに記入しましょう

⑦ 何度も取り組みましょう

新学習指導要領対応です。新教科書と同じ単元配列になっています。

資料画像は私自身が全国を取材したものを多く使用しています。ぜひ，御覧ください。

6年社会科ワークNo.04（縄文時代）
縄文時代まるわかりワーク

縄文時代の遺跡や文化財を調べ当時の生活を想像しよう

名前

❶考えよう❓

Ａは青森県にある縄文時代の代表的な遺跡である（1　　　　）遺跡です。今から（2　　　　）年前の人々が500人以上住んでいたとも言われています。

❷覚えよう❗

この建物の名前は，（3　　　　）と言います。地面を掘って床にして，柱を立てて，草などで屋根をふいてつくりました。１家族（4～5人）が住んでいました。

❸覚えよう❗

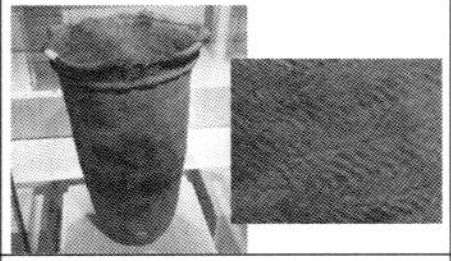

この入れ物の名前は，（4　　　　）と言います。粘土を焼いてつくられ，表面に縄の文様がついていました。これを使い，食べ物を（5　　　　），蓄えたりしました。

❹覚えよう❗

この人形の名前は，（6　　　　）と言います。縄文時代につくられたものです。女性の形をしており，崇拝のために使われたものと考えられています。

❺考えよう❓

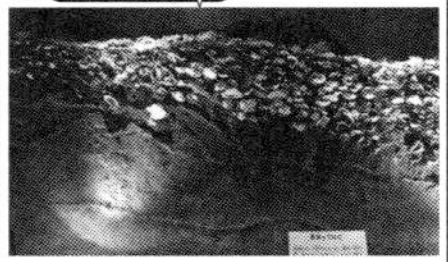

この遺跡の名前は，（7　　　　）と言います。縄文人が捨てた貝殻や魚や獣の骨，土器の破片が捨てられた場所と考えられています。（7）のそばの地層から発見されています。

❻考えよう❓

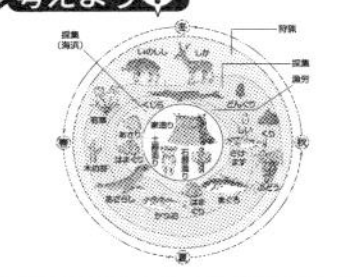

この資料からわかることは縄文時代の人々は季節に合わせて（8　　　　）をしたり，集めた食べ物を土器に（9　　　　）したりして生活していたようだということです。

❼覚えよう❗ 難

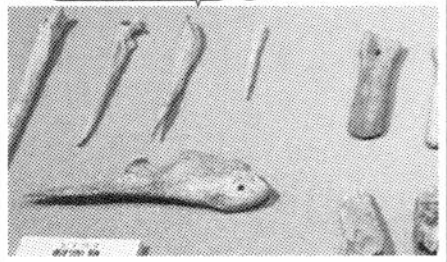

この発掘された出土品は，（10　　　　）を材料として製作された道具です。主にしか，いのしし，くまなどのものが使われ，もりや釣り針，矢じり，へらなどが見つかっています。

❽覚えよう❗

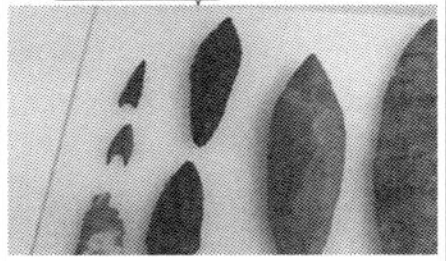

この発掘された出土品は，（11　　　　）を材料として製作された道具です。槍や，矢じり，斧など狩りに使う道具，穴を掘る道具として使われていました。

❾考えよう❓ 難

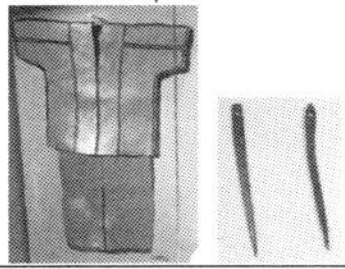

縄文時代の人々は獣の毛皮の他に麻などの繊維を使って（12　　　　）をつくる技術を持っていました。出土品には針も見つかっており，着物をつくっていました。

❿チャレンジ✓

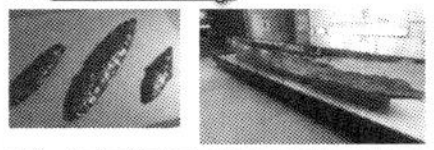

13）北海道産の黒曜石が東北地方でも出土し，また丸木舟も出土していることからどんなことが考えられますか？

ヒント　5,500／竪穴住居／糸／土偶／狩りや漁／貯蔵／石／縄文土器／煮たり／貝塚／骨や角／三内丸山

問題文はしっかりと読ませてください。事象をわかりやすく説明しています。

数字横の覚えよう❗考えよう❓は問題の種別です。覚えよう❗は基礎的問題，考えよう❓は応用的問題です。

小学生には少し難しい問題を用意しました。教科書だけにとどまらず広い知識を身につけさせましょう。

ヒントは解答の選択肢になっています。必要に応じて，解答をふせて活用してください。最終的にはヒントなしでできることが大切です。

チャレンジ✓は記述問題です。記述問題は，社会的事象を多角的に考察し，社会への関わり方を選択・判断する問題です。空欄にせず，書く力をつけるようにしましょう。

わからない問題は教科書などで調べることも大事ですが，答えをすぐに見てもかまいません。

6年社会科ワーク№04（縄文時代）
縄文時代まるわかりワーク

縄文時代の遺跡や文化財を調べ当時の生活を想像しよう

解答 A

単元によって問題数が違うので100点満点ではありません。点数は，12／13というような表記をさせましょう。

自分で採点できるように指導しましょう。また，なるべく漢字で書くことができるように指導しましょう。

❶ 考えよう？

Ⓐは青森県にある縄文時代の代表的な遺跡(いせき)である（1 **三内丸山**　）遺跡です。今から（2 **5,500**　）年前の人々が500人以上住んでいたとも言われています。

❷ 覚えよう！

この建物の名前は，（3 **竪穴住居**　）と言います。地面を掘(ほ)って床にして，柱を立てて，草などで屋根をふいてつくりました。１家族（4～5人）が住んでいました。

❸ 覚えよう！

この入れ物の名前は，（4 **縄文土器**　）と言います。粘土(ねんど)を焼いてつくられ，表面に縄の文様がついていました。これを使い，食べ物を（5 **煮たり**　），蓄えたりしました。

❹ 覚えよう！

この人形の名前は，（6 **土偶**　）と言います。縄文時代につくられたものです。女性の形をしており，崇(すう)拝(はい)のために使われたものと考えられています。

❺ 考えよう？

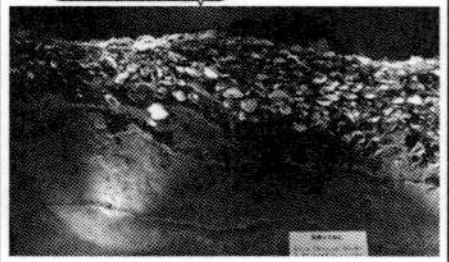

この遺跡の名前は，（7 **貝塚**　）と言います。縄文人が捨てた貝殻(かいがら)や魚や獣(けもの)の骨，土器の破片が捨てられた場所と考えられています。ムラのそばの地層から発見されています。

❻ 考えよう？

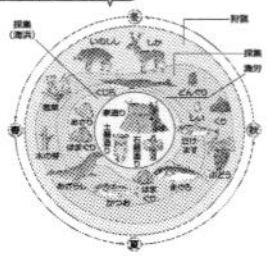

この資料からわかることは縄文時代の人々は季節に合わせて（8 **狩りや漁**　）をしたり，集めた食べ物を土器に（9 **貯蔵**　）したりして生活していたようだということです。

❼ 覚えよう！ 難

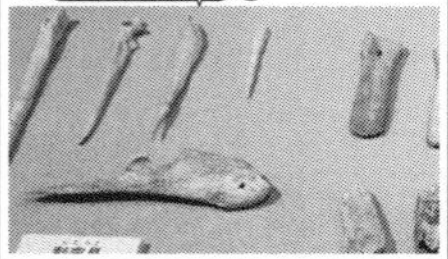

この発掘された出土品は，（10 **骨や角**　）を材料として製作された道具です。主にしか，いのしし，くまなどのものが使われ，もりや釣り針，矢じり，へらなどが見つかっています。

❽ 覚えよう！

この発掘された出土品は，（11 **石**　）を材料として製作された道具です。槍(やり)や，矢じり，斧(おの)など狩りに使う道具，穴を掘る道具として使われていました。

❾ 考えよう？ 難

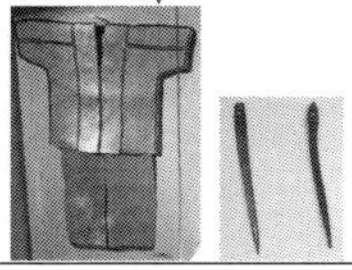

縄文時代の人々は獣の毛皮の他に麻などの繊維を使って（12 **糸**　）をつくる技術を持っていました。出土品には針も見つかっており，着物をつくっていました。

❿ チャレンジ✓

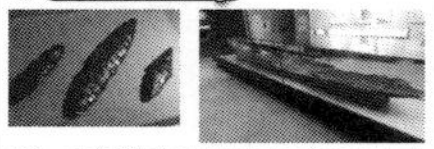

13）北海道産の黒曜石が東北地方でも出土し，また丸木舟も出土していることからどんなことが考えられますか？

縄文時代の人々が船で海を渡り，道具の材料などを交換するような交流をしていたことが考えられる。

知っ得！ 日本列島に人類が移住してきたのは16,000年前と言われ，この頃は氷河期でした。この時期を旧石器時代，先土器時代と呼びます。

知っ得！ は，それぞれの単元の，豆知識的な情報を掲載しています。実はそれを理解することでもやもやしていることがスッキリすることも。

チャレンジ✓ の解答は模範解答です。それぞれの子どもたちの解答を価値づけてあげてください。

第1章

政治編

新学習指導要領では6年生社会科の学習内容の配列が変わります。
これまで政治単元は歴史の後からでしたが，新学習指導要領では最初になります。
日本国憲法をしっかりと学んで，現代の政治の仕組みを学んでからの
歴史学習になるということです。

日本国憲法の基本的な考え方について理解しよう

名前

❶ 覚えよう！

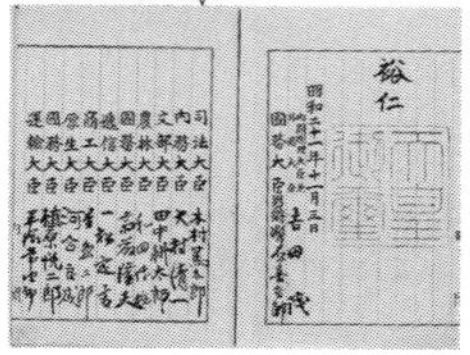

国の政治の基本的なあり方を定めたものを（1　　　　　）と言います。現在の（1）は1946年（2　　　　　）に発表され（公布）され，1947年（3　　　　　）に使われはじめ（施行）ました。

❷ 覚えよう！

天皇は日本国憲法では国や国民のまとまりの（4　　　　）とされ，政治については権限を持ちません。決められた国事行為（国会の召集など）を内閣の助言と承認に基づいて行います。

❸ 覚えよう！

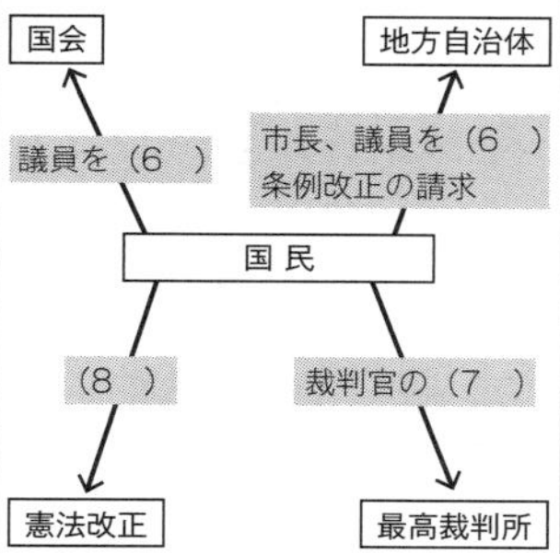

❹ 覚えよう！ 難

国民の権利（一部）

- 居住・移転，職業を選ぶ自由
- 法の下の平等
- 政治に参加する権利
- 信教・学問・思想の自由
- 働く権利
- 裁判を受ける権利
- 団結する権利
- 言論・出版の自由
- 教育を受ける権利
- 健康で文化的な生活を送る権利（生存権）

国民の義務

- 税金を納める義務
- 働く義務
- 子どもに教育を受けさせる義務

❺ 覚えよう！

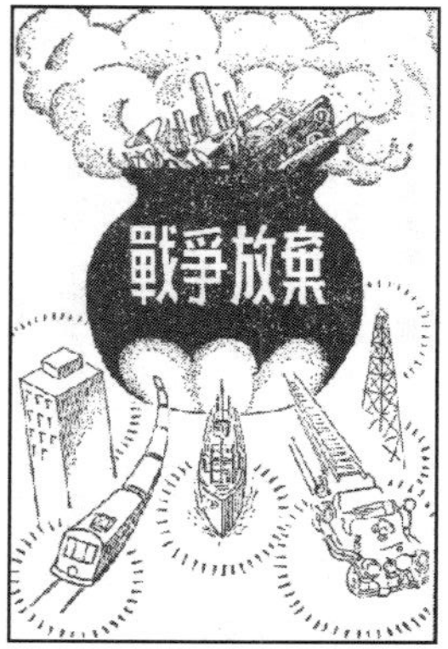

❻ チャレンジ✓

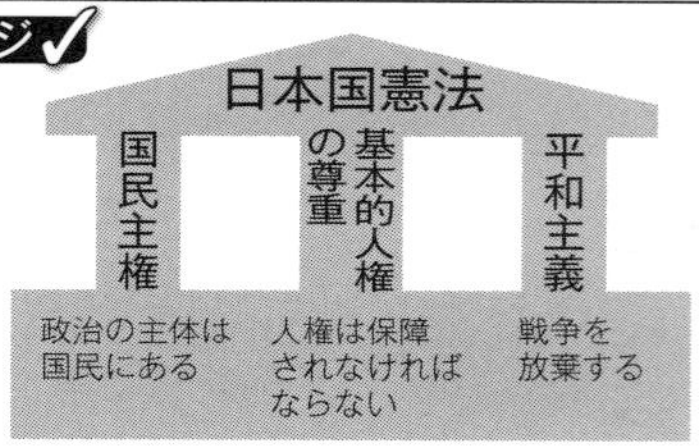

17）日常生活で憲法の三原則を感じることにはどんなことがありますか。

国民主権

国民が政治に参加する権利は，日本国憲法の三原則の一つである（5　　　　　）に基づいています。国民は主に自分たちの代表者を（6　　　）で選びます。また，最高裁判所の裁判官が裁判官として適しているかどうかを判断する（7　　　　　）を行います。憲法を改正する際には，（8　　　　　）を行い過半数の賛成が必要となります。

基本的人権

すべての国民は健康で文化的な生活を送る権利があることがうたわれています。生命や身体の自由を大切にされ，（9　　　　　）生きる権利（基本的人権）を生まれながらに持っています。しかし，（10　　　　　）の人々や在日外国人，障害のある人に対する差別や偏見，男女の性別による差別なども現実にはあり，解決をしていかなければなりません。

平和主義

日本国憲法（11　　　　　）では外国との間に問題が起こっても決して（12　　　　）をしないことや（13　　　　）を持たないことを定めています。また世界で唯一の被爆国である日本は核兵器を，（14　　　），（15　　　　），（16　　　　　），といった非核三原則をかかげています。この平和憲法のおかげで日本は戦後，70年以上，戦争のない状態を維持しています。

ヒント　国民主権／戦力／第9条／象徴／選挙／国民審査／憲法／アイヌ／戦争／国民投票／もたず／人間らしく／つくらず／もちこませず／5月3日／11月3日

日本国憲法の基本的な考え方について理解しよう

解答A

❶覚えよう!

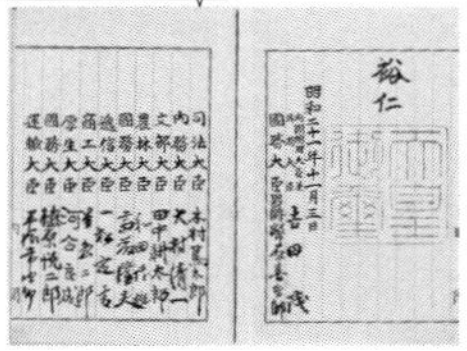

国の政治の基本的なあり方を定めたものを（1 **憲法**　）と言います。現在の（1 ）は1946年（2 **11月3日**　）に発表され（公布）され，1947年（3 **5月3日**　）に使われはじめ（施行）ました。

❷覚えよう!

天皇は日本国憲法では国や国民のまとまりの（4 **象徴**　）とされ，政治については権限を持ちません。決められた国事行為（国会の召集など）を内閣の助言と承認に基づいて行います。

❸覚えよう!

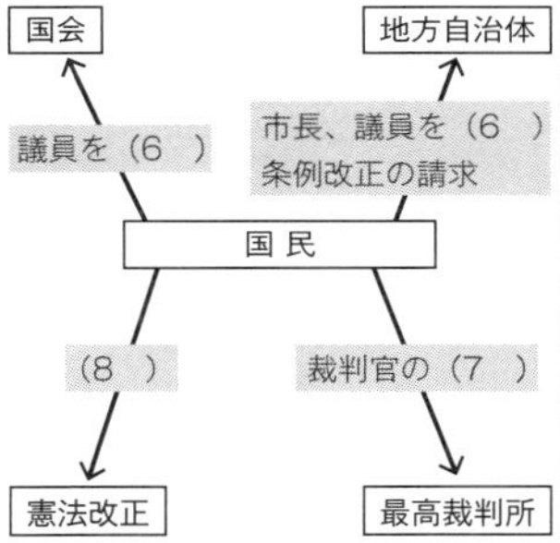

❹覚えよう! 難

国民の権利（一部）
- 居住・移転，職業を選ぶ自由
- 法の下の平等
- 政治に参加する権利
- 信教・学問・思想の自由
- 働く権利
- 裁判を受ける権利
- 団結する権利
- 言論・出版の自由
- 教育を受ける権利
- 健康で文化的な生活を送る権利（生存権）

国民の義務
- 税金を納める義務
- 働く義務
- 子どもに教育を受けさせる義務

❺覚えよう!

❻チャレンジ

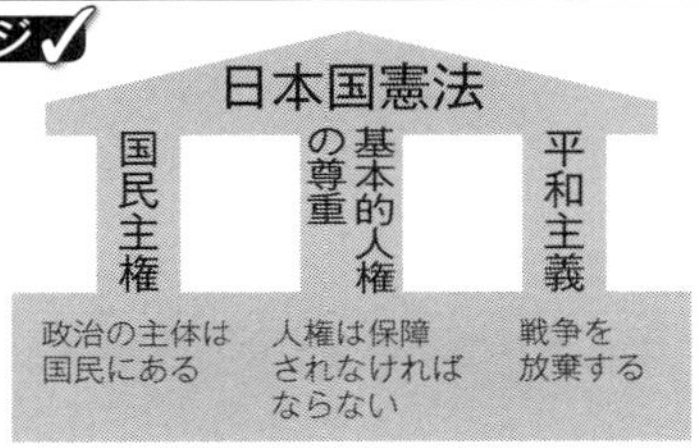

17）日常生活で憲法の三原則を感じることにはどんなことがありますか。

駅や公園などの公共の場所では，車椅子の人たちやお年寄り，障害のある人のためのスロープや点字ブロック，トイレなどが準備されていること。

国民主権

国民が政治に参加する権利は，日本国憲法の三原則の一つである（5 **国民主権**　）に基づいています。国民は主に自分たちの代表者を（6 **選挙**　）で選びます。また，最高裁判所の裁判官が裁判官として適しているかどうかを判断する（7 **国民審査**　）を行います。憲法を改正する際には，（8 **国民投票**　）を行い過半数の賛成が必要となります。

基本的人権

すべての国民は健康で文化的な生活を送る権利があることがうたわれています。生命や身体の自由を大切にされ，（9 **人間らしく**　）生きる権利（基本的人権）を生まれながらに持っています。しかし，（10 **アイヌ**　）の人々や在日外国人，障害のある人に対する差別や偏見，男女の性別による差別なども現実にはあり，解決をしていかなければなりません。

平和主義

日本国憲法（11 **第9条**　）では外国との間に問題が起こっても決して（12 **戦争**　）をしないことや（13 **戦力**　）を持たないことを定めています。また世界で唯一の被爆国である日本は核兵器を，（14 **もたず**），（15 **つくらず**），（16 **もちこませず**），といった非核三原則をかかげています。この平和憲法のおかげで日本は戦後，70年以上，戦争のない状態を維持しています。

知っ得! 衆議院と参議院はそれぞれ議場が違いますがほぼ同じようなつくりになっています。違いは参議院の議場には国会を開会する天皇陛下のお席があることです。

国の政治まるわかりワーク

国会，内閣，裁判所と国民との関わりを考え，立法，行政，司法の役割を理解しよう

名前

❶ 覚えよう！

国の政治の方向を決めるのが（1　　　　）です。（1　）議事堂には２種類の議員の話し合いの場があり，国民のくらしに関わる（2　　　　）や（3　　　　）を多数決で決めます。

❷ 覚えよう！

2種類の議員のうち定員が465名で任期が（4　　　　）ある議員を（5　　　　）と言います。政治の方針が国民と食い違うと，世論を反映させるために任期途中でも解散があります。

❸ 覚えよう！

２種類の議員のうち定員が245名で任期が（6　　　　）ある議員を（7　　　　）と言います。（7　）は任期が長く，解散もなく慎重に議論を重ねることから良識の府と呼ばれます。

❹ 覚えよう！

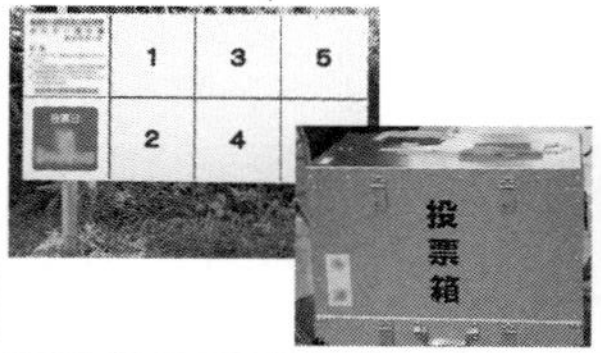

国会議員は（8　　　　）才以上の全ての国民によって（9　　　　）で選ばれます。立候補者は自分の考えを街頭演説や選挙公報などで主張します。また政党に投票する選挙方式もあります。

❺ 覚えよう！

国会で決められた予算を使って，実際に政治を行うのが（10　　　　）です。国会で選ばれた（11　　　　）と任命した国務大臣とで組織され，閣議を開き政治の進め方を話し合います。

❻ 覚えよう！ 難

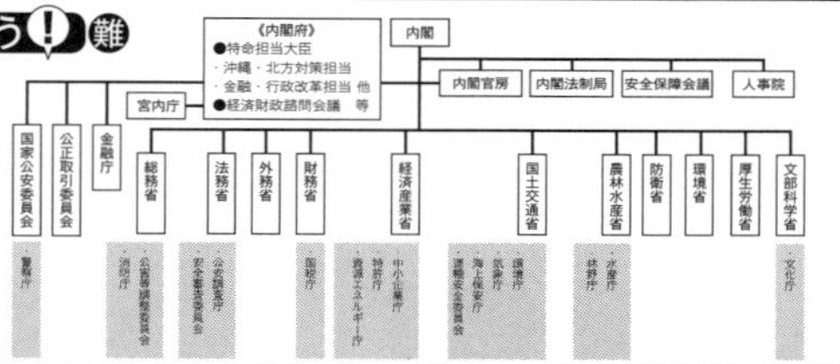

ほとんどの国務大臣は専門的な仕事を担当する各省庁のリーダーとなり仕事の指示を出します。例えば，学校でどのような勉強をどれくらいするかや，学校の先生の数を決めるのは（12　　　　）省です。また健康や子育て，介護，働き方などに関わる仕事をしているのが（13　　　　）省です。これらの機関は東京都千代田区霞ヶ関に集中しています。

❼ 覚えよう！

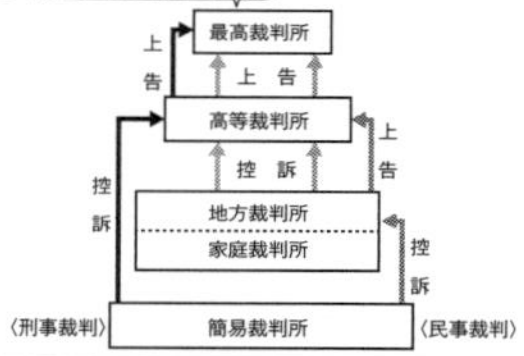

争いや犯罪が起きたときに憲法や法律に基づいて解決するのが（14　　　　）です。日本の裁判では判決に納得できない場合は３回まで裁判を受けられ，これを（15　　　　）と呼びます。

❽ 覚えよう！

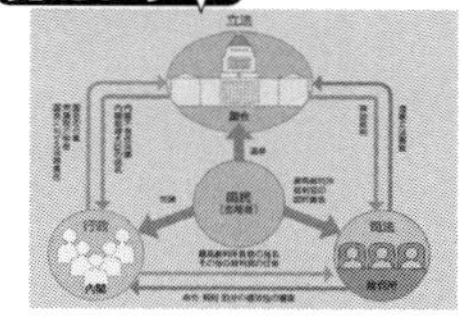

衆議院 HP より

国会は法律をつくる（16　　），内閣は政治を行う（17　　），裁判所は法律を司る（18　　）といったように分かれて，権力が集中しないしくみのことを（19　　　　）と言います。

❾ チャレンジ

20）平成21年から国民も裁判員になる裁判員制度が始まり，平成28年には選挙権が20才から18才に引き下げられています。このような新しい取り組みにはどのような意図があるのでしょう。

ヒント 三権分立／法律／内閣総理大臣／参議院議員／衆議院議員／立法／行政／司法／18／選挙／内閣／４年／６年／文部科学／厚生労働／裁判所／三審制／国会／予算

国会，内閣，裁判所と国民との関わりを考え，立法，行政，司法の役割を理解しよう

解答 A

❶ 覚えよう！

国の政治の方向を決めるのが（1 **国会**　　）です。（1 ）議事堂には２種類の議員の話し合いの場があり，国民のくらしに関わる（2 **法律**　　）や（3 **予算**　　）を多数決で決めます。

❷ 覚えよう！

2種類の議員のうち定員が465名で任期が（4 **4年**　　）ある議員を（5 **衆議院議員**　　）と言います。政治の方針が国民と食い違うと，世論を反映させるために任期途中でも解散があります。

❸ 覚えよう！

２種類の議員のうち定員が245名で任期が（6 **6年**　　）ある議員を（7 **参議院議員**　　）と言います。（7 ）は任期が長く，解散もなく慎重に議論を重ねることから良識の府と呼ばれます。

❹ 覚えよう！

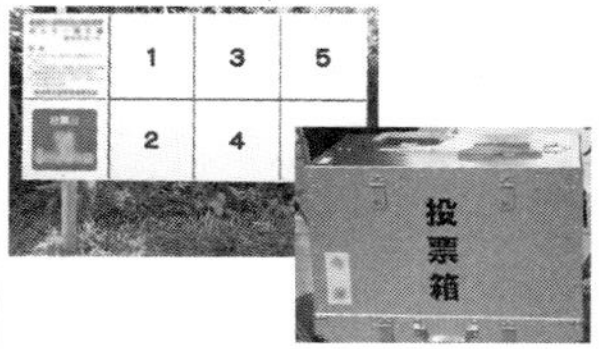

国会議員は（8 **18**　　）才以上の全ての国民によって（9 **選挙**　　）で選ばれます。立候補者は自分の考えを街頭演説や選挙公報などで主張します。また政党に投票する選挙方式もあります。

❺ 覚えよう！

国会で決められた予算を使って，実際に政治を行うのが（10 **内閣**　　）です。国会で選ばれた（11 **内閣総理大臣**　　）と任命した国務大臣とで組織され，閣議を開き政治の進め方を話し合います。

❻ 覚えよう！ 難

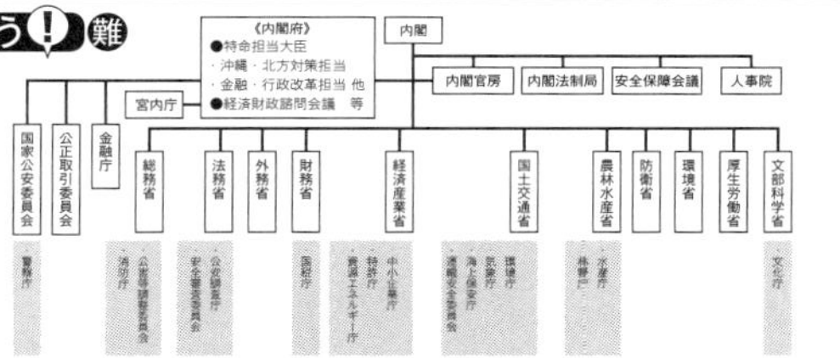

ほとんどの国務大臣は専門的な仕事を担当する各省庁のリーダーとなり仕事の指示を出します。例えば，学校でどのような勉強をどれくらいするかや，学校の先生の数を決めるのは（12 **文部科学**　　）省です。また健康や子育て，介護，働き方などに関わる仕事をしているのが（13 **厚生労働**　　）省です。これらの機関は東京都千代田区霞ヶ関に集中しています。

❼ 覚えよう！

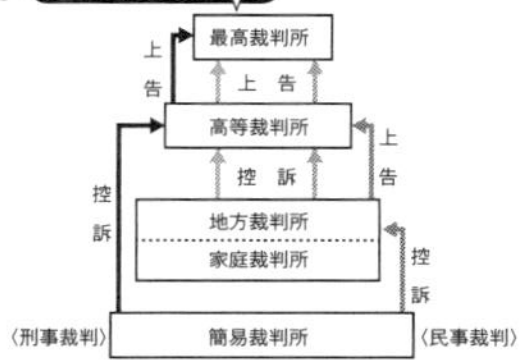

争いや犯罪が起きたときに憲法や法律に基づいて解決するのが（14 **裁判所**　　）です。日本の裁判では判決に納得できない場合は３回まで裁判を受けられ，これを（15 **三審制**　　）と呼びます。

❽ 覚えよう！

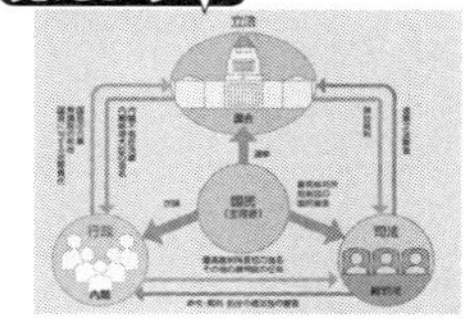

衆議院 HP より

国会は法律をつくる（16 **立法**），内閣は政治を行う（17 **行政**），裁判所は法律を司る（18 **司法**）といったように分かれて，権力が集中しないしくみのことを（19 **三権分立**）と言います。

❾ チャレンジ

20）平成21年から国民も裁判員になる裁判員制度が始まり，平成28年には選挙権が20才から18才に引き下げられています。このような新しい取り組みにはどのような意図があるのでしょう。

政治や法律，裁判が国民にとって身近になるように，国民の考えがもっと反映されるように行った取り組みである。

知っ得！ 裁判員制度は原則として裁判官３人と裁判員６人の９人で行います。裁判員に選ばれる確率は8,700人に１人（約0.01%）です。

地方公共団体の政治は，国民生活の安定と向上に努めていることを理解しよう

名前

❶考えよう?

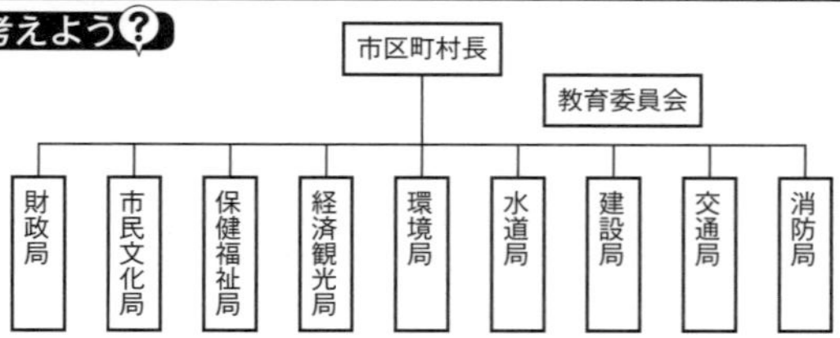

市役所は地域の住民の声を受け，それを実行するための計画をつくります。例えば地下鉄のスタンプラリーイベントの計画は（1　　　　）で行っています。また，議会で決められたことを実行します。住民のために様々な仕事を行っています。その中心となるのが（2　　　　）で住民からの（3　　　　）で選ばれます。任期は（4　　　　）です。東京23区はそれぞれ独立した議会を持っています。

❷覚えよう!

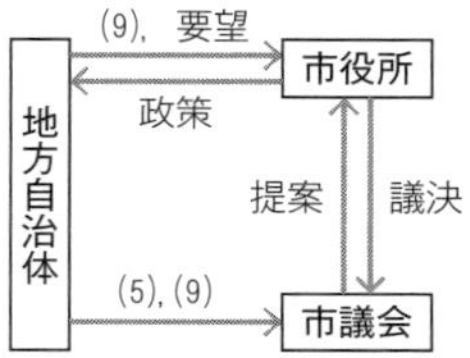

市長や市議会議員は（5　　　　）によって選ばれます。市長や議員は市民の代表として政治を行います。このことを，（6　　　　）と言います。市長が中心となって（7　　　　）が計画や（8　　　　）案をつくります。議会はそれらについて市のためになるかどうかを話し合い，多数決で決定します。また住民は市役所や市議会に要望や（9　　　　）をすることができます。

❸覚えよう!

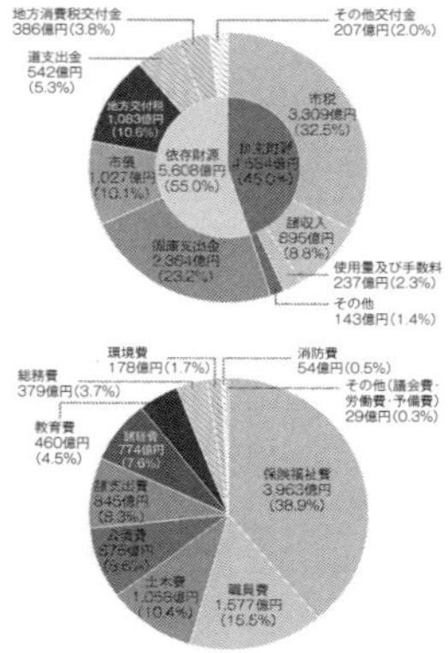

予算（札幌市約1兆円）
市町村が行う仕事のためにどれだけのお金が必要かを計算したものが（10　　　）です。財源の3割は住民の（11　　　）で，その他，都道府県や国からの補助金も含まれています。これらを住民のために使いますが，多くの市町村では予算の４割ほどが生活に苦しい方，障害のある方，高齢者のための（12　　　）に使われているのが特徴です。

❹覚えよう! 難

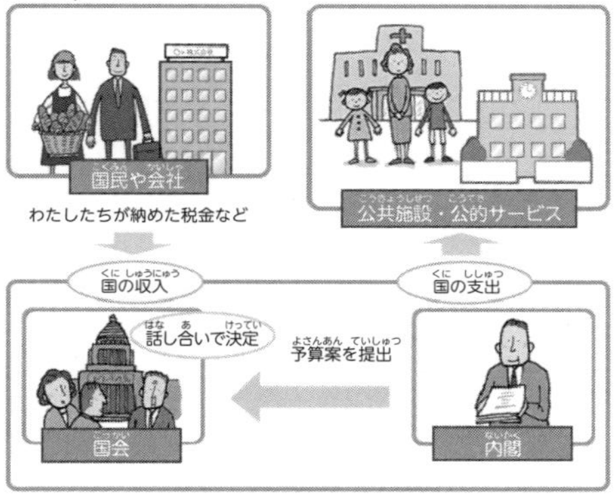

国税庁 HP より

税金は様々な形で，様々な所に集められます。働く人が納める（13　　　　）税，会社が納める（14　　　　）税，買い物したときに（15　　　）%かかる（16　　　　）税などは国税と言って国に納められる税金です。一方，住民が納める（17　　　　）税，土地や建物にかかる固定資産税などは地方税と言って，都道府県や市町村に納められます。

❺チャレンジ✓

18）住民の要望で校区に児童会館が建設された経緯をまとめましょう。

ヒント　福祉／予算／選挙／選挙／地方自治／予算／請願／税金／法人／10／消費／住民／交通局／市役所／４年／市長／所得

地方公共団体の政治は，国民生活の安定と向上に努めていることを理解しよう

解答A

❶考えよう？

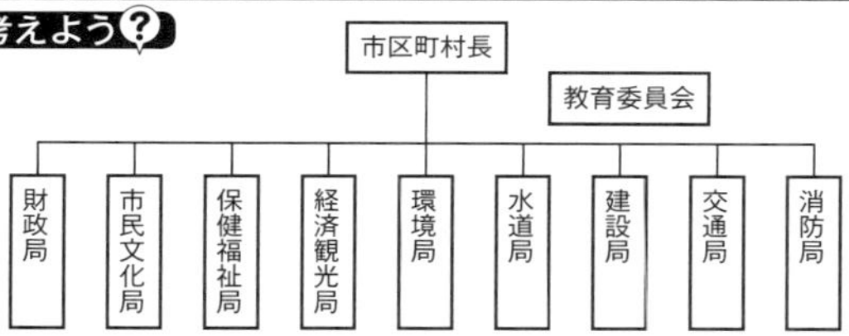

市役所は地域の住民の声を受け，それを実行するための計画をつくります。例えば地下鉄のスタンプラリーイベントの計画は（1 **交通局**　　）で行っています。また，議会で決められたことを実行します。住民のために様々な仕事を行っています。その中心となるのが（2 **市長**　　）で住民からの（3 **選挙**　　）で選ばれます。任期は（4 **4年**　　）です。東京23区はそれぞれ独立した議会を持っています。

❷覚えよう！

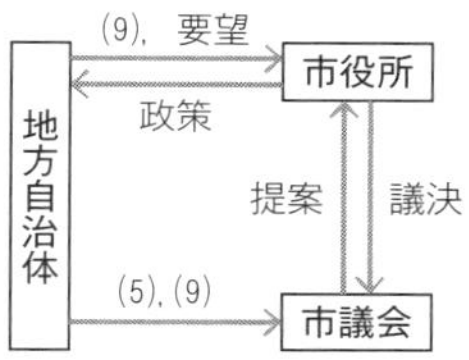

市長や市議会議員は（5 **選挙**　　）によって選ばれます。市長や議員は市民の代表として政治を行います。このことを，（6 **地方自治**　　）と言います。市長が中心となって（7 **市役所**　　）が計画や（8 **予算**　　）案をつくります。議会はそれらについて市のためになるかどうかを話し合い，多数決で決定します。また住民は市役所や市議会に要望や（9 **請願**　　）をすることができます。

❸覚えよう！

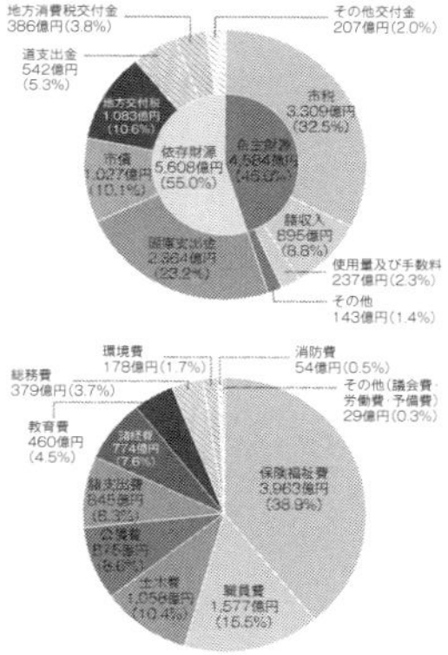

予算（札幌市約1兆円）
市町村が行う仕事のためにどれだけのお金が必要かを計算したものが（10 **予算**）です。財源の3割は住民の（11 **税金**）で，その他，都道府県や国からの補助金も含まれています。これらを住民のために使いますが，多くの市町村では予算の４割ほどが生活に苦しい方，障害のある方，高齢者のための（12 **福祉**）に使われているのが特徴です。

❹覚えよう！難

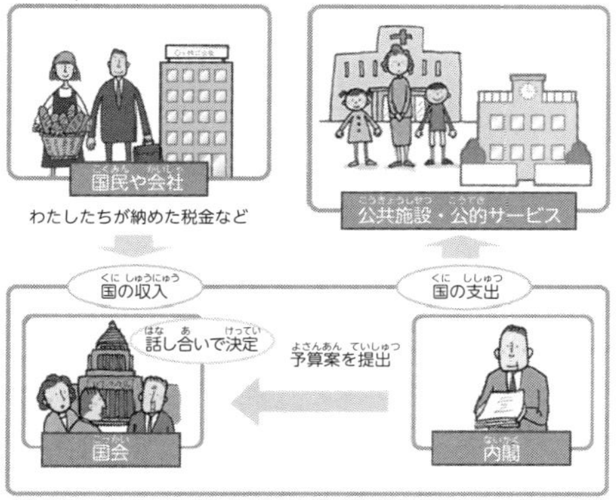

国税庁HPより

税金は様々な形で，様々な所に集められます。働く人が納める（13 **所得**　　）税，会社が納める（14 **法人**　　）税，買い物したときに（15 **10**　　）%かかる（16 **消費**　　）税などは国税と言って国に納められる税金です。一方，住民が納める（17 **住民**　　）税，土地や建物にかかる固定資産税などは地方税と言って，都道府県や市町村に納められます。

❺チャレンジ✓

18）住民の要望で校区に児童会館が建設された経緯をまとめましょう。

住民が校区に児童会館を建ててほしいと署名を集めて市役所に要望する。その要望を市役所がまとめ，予算を計算して議会に提出。議会は審査をして，承認する。

知っ得！ 他の自治体に寄付をすると所得税や住民税の還付や控除が受けられます。またその地域の名産品などを返礼としてもらえます。これを「ふるさと納税」と言います。

●日本国憲法三原則

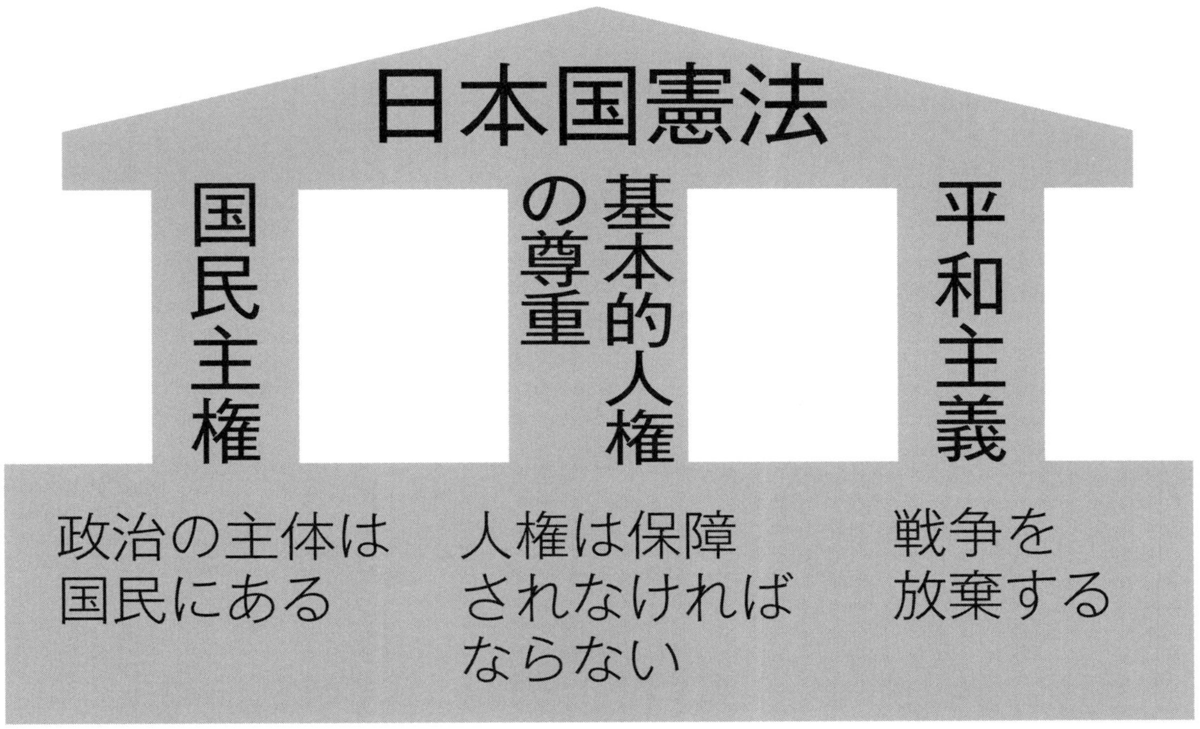
日本国憲法
国民主権
基本的人権の尊重
平和主義
政治の主体は国民にある
人権は保障されなければならない
戦争を放棄する

第2章

歴史編

新学習指導要領では内容項目で若干の変更がありました。
飛鳥から平安までひとくくりでしたが，平安時代が独立しました。
また，戦国から江戸幕府までひとくくりでしたが
江戸幕府が独立しました。

縄文時代まるわかりワーク

縄文時代の遺跡や文化財を調べ当時の生活を想像しよう

名前

❶ 考えよう？

Aは青森県にある縄文時代の代表的な遺跡である（1　　　　）遺跡です。今から（2　　　　）年前の人々が500人以上住んでいたとも言われています。

❷ 覚えよう！

この建物の名前は，（3　　　　　　　）と言います。地面を掘って床にして，柱を立てて，草などで屋根をふいてつくりました。1家族（4～5人）が住んでいました。

❸ 覚えよう！

この入れ物の名前は，（4　　　　　　　）と言います。粘土を焼いてつくられ，表面に縄の文様がついていました。これを使い，食べ物を（5　　　　　），蓄えたりしました。

❹ 覚えよう！

この人形の名前は，（6　　　　）と言います。縄文時代につくられたものです。女性の形をしており，崇拝のために使われたものと考えられています。

❺ 考えよう？

この遺跡の名前は，（7　　　　）と言います。縄文人が捨てた貝殻や魚や獣の骨，土器の破片が捨てられた場所と考えられています。ムラのそばの地層から発見されています。

❻ 考えよう？

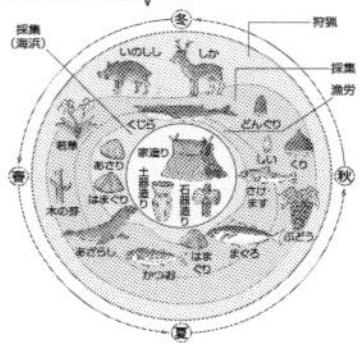

この資料からわかることは縄文時代の人々は季節に合わせて（8　　　　　）をしたり，集めた食べ物を土器に（9　　　　）したりして生活していたようだということです。

❼ 覚えよう！ 難

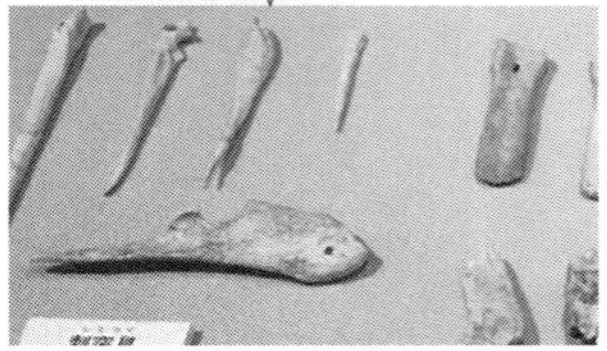

この発掘された出土品は，（10　　　　　　）を材料として製作された道具です。主にしか，いのしし，くまなどのものが使われ，もりや釣り針，矢じり，へらなどが見つかっています。

❽ 覚えよう！

この発掘された出土品は，（11　　　　）を材料として製作された道具です。槍や，矢じり，斧など狩りに使う道具，穴を掘る道具として使われていました。

❾ 考えよう？ 難

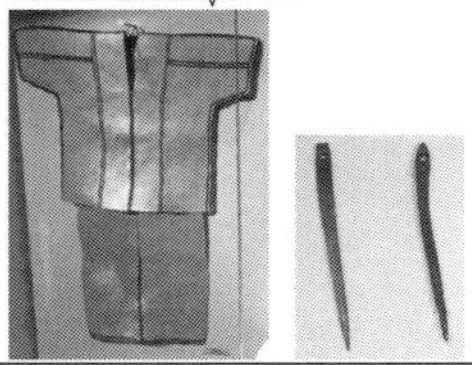

縄文時代の人々は獣の毛皮の他に麻などの繊維を使って（12　　　）をつくる技術を持っていました。出土品には針も見つかっており，着物をつくっていました。

❿ チャレンジ✓

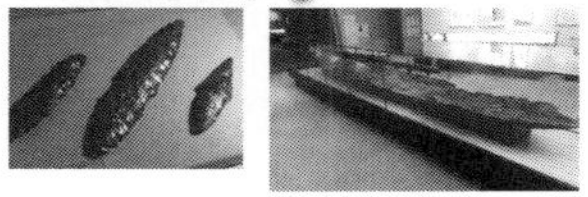

13）北海道産の黒曜石が東北地方でも出土し，また丸木舟も出土していることからどんなことが考えられますか？

ヒント 5,500／竪穴住居／糸／土偶／狩りや漁／貯蔵／石／縄文土器／煮たり／貝塚／骨や角／三内丸山

縄文時代の遺跡や文化財を調べ当時の生活を想像しよう

解答A

❶ 考えよう？

Ａは青森県にある縄文時代の代表的な遺跡である（1 **三内丸山**　）遺跡です。今から（2 **5,500**　）年前の人々が500人以上住んでいたとも言われています。

❷ 覚えよう！

この建物の名前は，（3 **竪穴住居**　）と言います。地面を掘って床にして，柱を立てて，草などで屋根をふいてつくりました。1家族（4～5人）が住んでいました。

❸ 覚えよう！

この入れ物の名前は，（4 **縄文土器**　）と言います。粘土を焼いてつくられ，表面に縄の文様がついていました。これを使い，食べ物を（5 **煮たり**　），蓄えたりしました。

❹ 覚えよう！

この人形の名前は，（6 **土偶**　）と言います。縄文時代につくられたものです。女性の形をしており，崇拝のために使われたものと考えられています。

❺ 考えよう？

この遺跡の名前は，（7 **貝塚**　）と言います。縄文人が捨てた貝殻や魚や獣の骨，土器の破片が捨てられた場所と考えられています。ムラのそばの地層から発見されています。

❻ 考えよう？

この資料からわかることは縄文時代の人々は季節に合わせて（8 **狩りや漁**　）をしたり，集めた食べ物を土器に（9 **貯蔵**　）したりして生活していたようだということです。

❼ 覚えよう！ 難

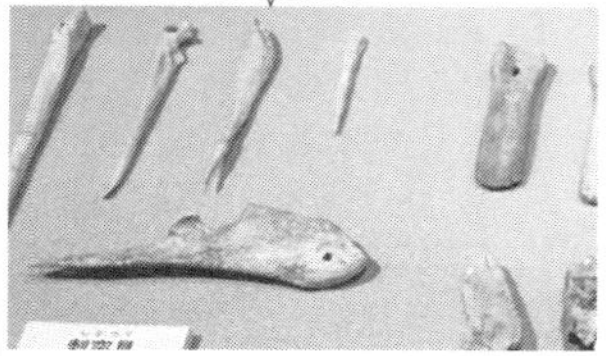

この発掘された出土品は，（10 **骨や角**　）を材料として製作された道具です。主にしか，いのしし，くまなどのものが使われ，もりや釣り針，矢じり，へらなどが見つかっています。

❽ 覚えよう！

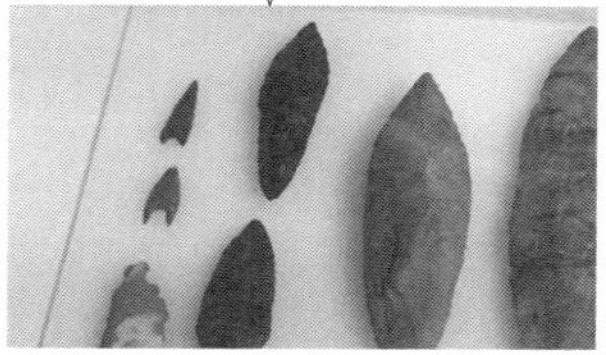

この発掘された出土品は，（11 **石**　）を材料として製作された道具です。槍や，矢じり，斧など狩りに使う道具，穴を掘る道具として使われていました。

❾ 考えよう？ 難

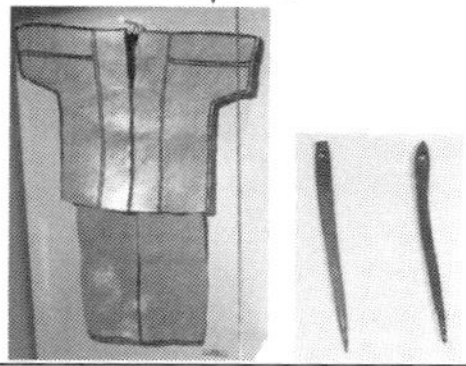

縄文時代の人々は獣の毛皮の他に麻などの繊維を使って（12 **糸**　）をつくる技術を持っていました。出土品には針も見つかっており，着物をつくっていました。

❿ チャレンジ

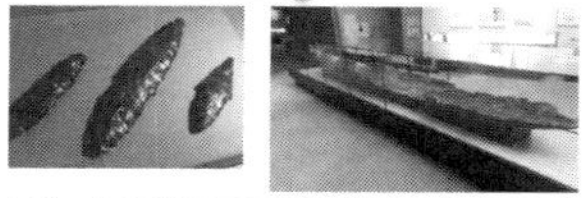

13）北海道産の黒曜石が東北地方でも出土し，また丸木舟も出土していることからどんなことが考えられますか？

縄文時代の人々が船で海を渡り，道具の材料などを交換するような交流をしていたことが考えられる。

知っ得！ 日本列島に人類が移住してきたのは16,000年前と言われ，この頃は氷河期でした。この時期を旧石器時代，先土器時代と呼びます。

弥生時代まるわかりワーク

弥生時代の遺跡や文化財を調べ当時の生活を想像しよう

名前

❶考えよう？

Aは弥生時代の代表的な福岡県の（1　　　　　　）遺跡(2,300年前)，Bは静岡県の（2　　　　　　）遺跡(2,000年前）です。どちらも，（3　　　　　　）の跡が見つかっています。

❷覚えよう！

この建物は（4　　　　　　）倉庫と言います。収穫（しゅうかく）した稲や食料を湿気の害から防ぐために建てられた倉庫だと考えられています。床を支える柱には，ねずみ返しがつけられていました。

❸覚えよう！

この入れ物は（5　　　　　　）と言い，縄文土器に比べると明るい褐色（かっしょく）で，（6　　　　　　）て堅（かた）く，穀物の調理や，貯蔵に使われたようです。東京都文京区弥生町で発見されました。

❹覚えよう！

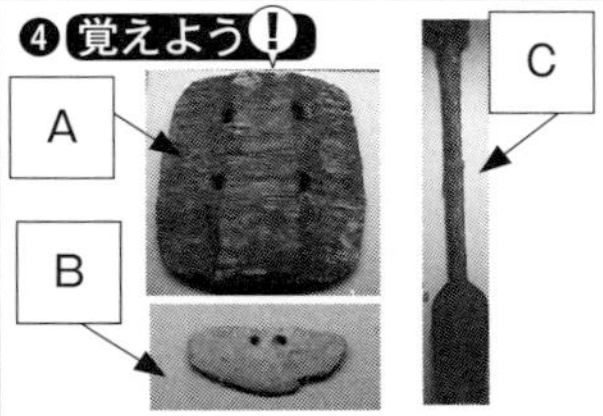

この時代の遺跡には稲作に関係するものが多く出土しています。Aは田を歩く（7　　　　　　），Bは稲の穂（ほ）を刈り取る（8　　　　　　），Cは土を耕す（9　　　　　　）のくわです。

❺考えよう？

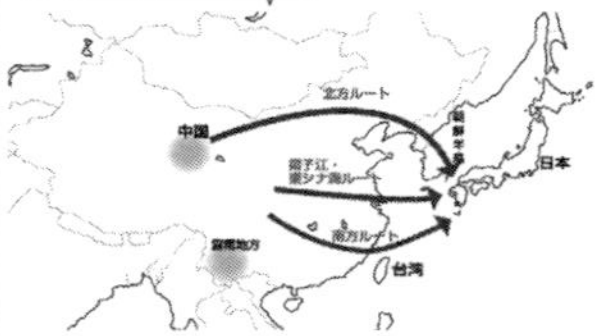

稲作は1万年ほど前に中国で始まり，2,500年前に中国や朝鮮から移り住んだ人々によって伝わってきました。
稲作によって人々の生活は（10　　　　　　）し村は大きくなりました。

❻考えよう？

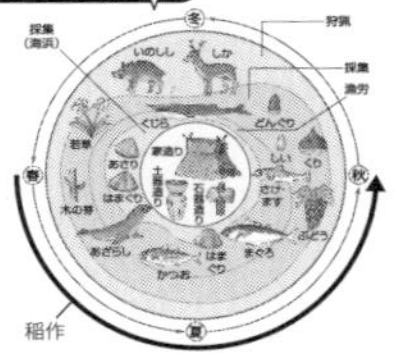

この資料からわかることは弥生時代の人々は春から秋まで（11　　　　　　）を行いながら，漁や採集，冬にはしかやいのししの狩りなどを行っていたようだということです。

❼考えよう？難

稲作が盛んになると，農作業を共同で行いムラが大きくなります。周囲に堀をめぐらした（12　　　　　　）も生まれました。またムラには人々をまとめる指導者も現れました。

❽覚えよう！

朝鮮半島から日本へわたってきた（13　　　　　　）は進んだ技術や鉄器や青銅器を伝えました。Aは銅剣，Bは（14　　　　　　）と言い，祭りなどで使われたと考えられています。

❾考えよう？

中国の歴史書「魏志倭人伝」には，この頃の日本には，（15　　　　　　）という女王がいて30ほどのクニを従えていたとあり，この大きなクニを（16　　　　　　）と呼んでいました。

❿チャレンジ✓

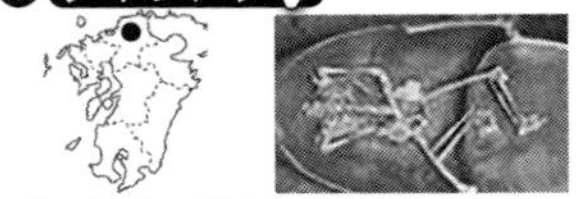

17）吉野ヶ里遺跡から見つかった首のない人骨からどんな当時の様子が想像できるでしょうか？

ヒント　環濠集落／木製／登呂／高床／薄く／石包丁／安定／稲作／田下駄／銅鐸／卑弥呼／邪馬台国／板付／弥生土器／水田／渡来人

※写真：②静岡市立登呂博物館／③④-c 島根県立古代出雲歴史博物館／⑧⑩佐賀県提供

6年社会科ワークNo.05（弥生時代）

弥生時代まるわかりワーク

弥生時代の遺跡や文化財を調べ当時の生活を想像しよう

解答 A

❶ 考えよう?

Aは弥生時代の代表的な福岡県の（1 **板付**　　　）遺跡（2,300年前），Bは静岡県の（2 **登呂**　　　）遺跡（2,000年前）です。どちらも，（3 **水田**　　　）の跡が見つかっています。

❷ 覚えよう!

この建物は（4 **高床**　　　）倉庫と言います。収穫（しゅうかく）した稲や食料を湿気の害から防ぐために建てられた倉庫だと考えられています。床を支える柱には，ねずみ返しがつけられていました。

❸ 覚えよう!

この入れ物は（5 **弥生土器**）と言い，縄文土器に比べると明るい褐色（かっしょく）で，（6 **薄く**　）て堅（かた）く，穀物の調理や，貯蔵に使われたようです。東京都文京区弥生町で発見されました。

❹ 覚えよう!

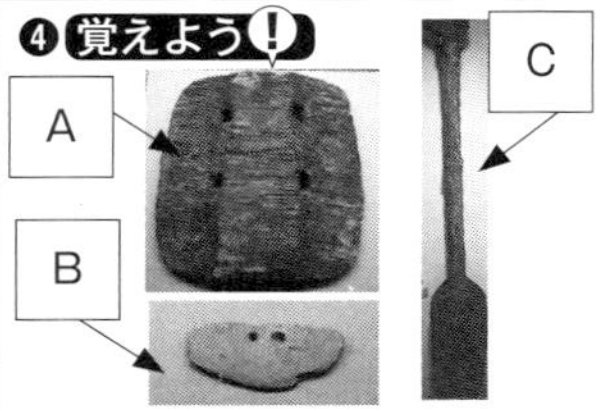

この時代の遺跡には稲作に関係するものが多く出土しています。Aは田を歩く（7 **田下駄**　　　），Bは稲の穂（ほ）を刈り取る（8 **石包丁**　　　），Cは土を耕す（9 **木製**　　　）のくわです。

❺ 考えよう?

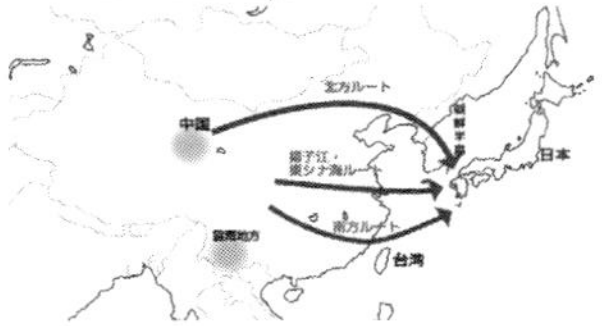

稲作は1万年ほど前に中国で始まり，2,500年前に中国や朝鮮から移り住んだ人々によって伝わってきました。
稲作によって人々の生活は（10 **安定**　　　）し村は大きくなりました。

❻ 考えよう?

この資料からわかることは弥生時代の人々は春から秋まで（11 **稲作**　　　）を行いながら，漁や採集，冬にはしかやいのししの狩りなどを行っていたようだということです。

❼ 考えよう? 難

稲作が盛んになると，農作業を共同で行いムラが大きくなります。周囲に堀をめぐらした（12 **環濠集落**　　　）も生まれました。またムラには人々をまとめる指導者も現れました。

❽ 覚えよう!

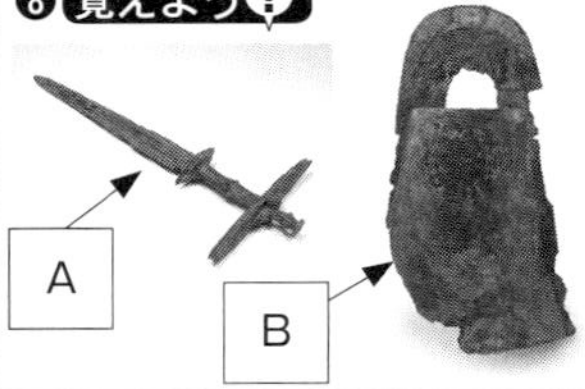

朝鮮半島から日本へわたってきた（13 **渡来人**　　　）は進んだ技術や鉄器や青銅器を伝えました。Aは銅剣，Bは（14 **銅鐸**　　　）と言い，祭りなどで使われたと考えられています。

❾ 考えよう?

中国の歴史書「魏志倭人伝」には，この頃の日本には，（15 **卑弥呼**　　　）という女王がいて30ほどのクニを従えていたとあり，この大きなクニを（16 **邪馬台国**　　　）と呼んでいました。

❿ チャレンジ✓

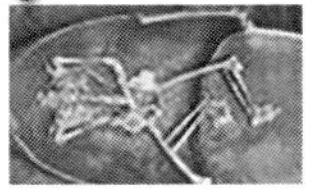

17）吉野ヶ里遺跡から見つかった首のない人骨からどんな当時の様子が想像できるでしょうか？

当時の人々が土地や水をめぐって，ムラの指導者を中心に，ムラ同士で争いが起こっていたと考えられる。

知っ得！ 邪馬台国がどこにあったのかは正確にはわかっていません。纒向遺跡の畿内説，吉野ヶ里遺跡の九州説など諸説あり現在も論争中です。

※写真：②静岡市立登呂博物館／③④-C 島根県立古代出雲歴史博物館／⑧⑩佐賀県提供

6年社会科ワークNo.06（古墳時代）

古墳時代まるわかりワーク

古墳がつくられた背景から国がどのようにできたのか考えよう

名前

❶ 覚えよう！

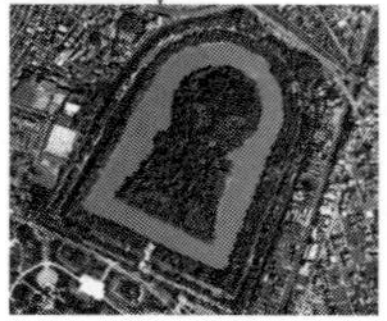

© 国土画像情報，国土交通省

3世紀になると日本各地に写真のような土を高く盛り上げた（1　　）が出現します。5世紀につくられた大阪府堺市にある（2　　　　）は日本最大です。世界遺産に登録されています。

❷ 覚えよう！

（1　）はその地域を支配していた豪族の（3　　　　）で当時は表面に石が敷き詰められました。（1　）の周囲には素焼きの（4　　　　）が並べられていました。写真は兵庫県の五色塚古墳です。

❸ 覚えよう！

（1　）の内部には（5　　　　）と呼ばれる空間があり，豪族の遺骨とともに，剣や剣，よろい，かぶと，ひすいのまが玉，くだ玉などが見つかっています。竪穴式と横穴式とがあります。

❹ 覚えよう！

（1　）の形には様々な形のものがあります。Aのような（1　）を（6　　　　），Bのような（1　）を（7　　　　）と呼んでいます。全国には大小合わせて約16万基が存在しています。

❺ 考えよう？

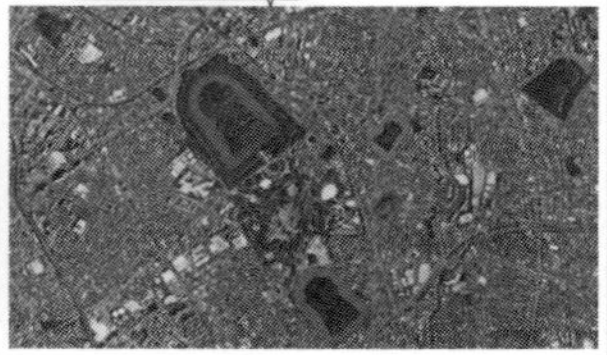

様々な形の（1　）があります。奈良や大阪には巨大な（8　　　　）が多いです。当時の豪族がこの地域で連合して（9　　　　）をつくっていたのがわかります。

❻ 考えよう？

日本最大の古墳で（2　）は（10　　　　）天皇のものと言われています。現在の技術での試算によると延べ680万人が働いて15年かかり，費用は796億円かかるとも言われています。

❼ 覚えよう！ 難

古墳時代には大陸から渡来人によって，建築や土木工事，養蚕や織物などが伝わりました。土器の製法もその一つであり（11　　　　）による新しい製法で丈夫な土器がつくられました。

❽ 覚えよう！

渡来人により中国の文字（漢字）が伝えられ，インドの（12　　　　）も5～6世紀頃に伝えられました。奈良県にはそれが伝えられたことを記す公伝の碑が建てられています。

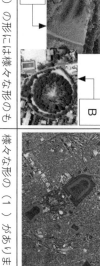

❾ 考えよう？

8世紀頃に天皇の命令でつくられた「古事記」や「日本書紀」には神々の子孫が大和地方に国をつくり日本の各地を統一したと書かれています。（13　　　　）もその一人です。

❿ チャレンジ✓

14）大王ワカタケルの鉄剣が埼玉や熊本で出土していることからどんなことがわかりますか？

ヒント　ヤマトタケル／墓／石室／方墳／古墳／大和朝廷／仁徳／のぼりがま／円墳／埴輪／前方後円墳／仏教／大仙陵古墳

古墳がつくられた背景から国がどのようにできたのか考えよう

解答 A

❶ 覚えよう！

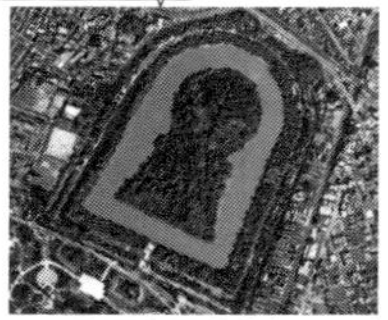

© 国土画像情報，国土交通省

3世紀になると日本各地に写真のような土を高く盛り上げた（1 **古墳**）が出現します。5世紀につくられた大阪府堺市にある（2 **大仙陵古墳**）は日本最大です。世界遺産に登録されています。

❷ 覚えよう！

（1 ）はその地域を支配していた豪族（ごうぞく）の（3 **墓**　　）で当時は表面に石が敷（し）き詰（つ）められました。（1 ）の周囲には素焼きの（4 **埴輪**　　）が並べられていました。写真は兵庫県の五色塚（ごしきづか）古墳です。

❸ 覚えよう！

（1 ）の内部には（5 **石室** ）と呼ばれる空間があり，豪族の遺骨とともに，剣や剣，よろい，かぶと，ひすいのまが玉，くだ玉などが見つかっています。竪（たて）穴式と横穴式とがあります。

❹ 覚えよう！

（1 ）の形には様々な形のものがあります。Aのような（1 ）を（6 **方墳**　　），Bのような（1 ）を（7 **円墳**　　）と呼んでいます。全国には大小合わせて約16万基が存在しています。

❺ 考えよう？

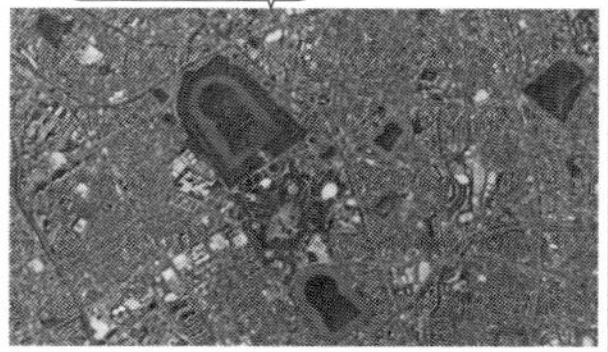

様々な形の（1 ）があります。奈良や大阪には巨大な（8 **前方後円墳**　　）が多いです。当時の豪族がこの地域で連合して（9 **大和朝廷**　　）をつくっていたのがわかります。

❻ 考えよう？

日本最大の古墳で（2 ）は（10 **仁徳**　　）天皇のものと言われています。現在の技術での試算によると延べ680万人が働いて15年かかり，費用は796億円かかるとも言われています。

❼ 覚えよう！ 難

古墳時代には大陸から渡来人によって，建築や土木工事，養蚕や織物などが伝わりました。土器の製法もその一つであり（11 **のぼりがま**　　）による新しい製法で丈夫な土器がつくられました。

❽ 覚えよう！

渡来人により中国の文字（漢字）が伝えられ，インドの（12 **仏教** ）も5～6世紀頃に伝えられました。奈良県にはそれが伝えられたことを記す公伝の碑（ひ）が建てられています。

❾ 考えよう？

8世紀頃に天皇の命令でつくられた「古事記」や「日本書紀」には神々の子孫が大和地方に国をつくり日本の各地を統一したと書かれています。（13 **ヤマトタケル** ）もその一人です。

❿ チャレンジ✓

14）大王ワカタケルの鉄剣が埼玉や熊本で出土していることからどんなことがわかりますか？

近畿地方にあった大和朝廷の力が関東や九州にも及んでいたことがわかる。それらは古事記や日本書紀からも読み取れる。

知っ得！ 大王ワカタケルは21代天皇，雄略天皇のこととされ，「日本書紀」「古事記」の中にも登場します。実在が証明できる最古の天皇と言われています。

6年社会科ワークNo.07（飛鳥時代）

飛鳥時代まるわかりワーク

聖徳太子がどのような政治を行おうとしたのか考えよう

名前

❶覚えよう！

この人物の名前は20才になった593年に推古天皇の（1　　）となって蘇我氏とともに国づくりを行った（2　　）です。
本名は厩戸皇子（うまやどのおうじ）と言います。

❷覚えよう！

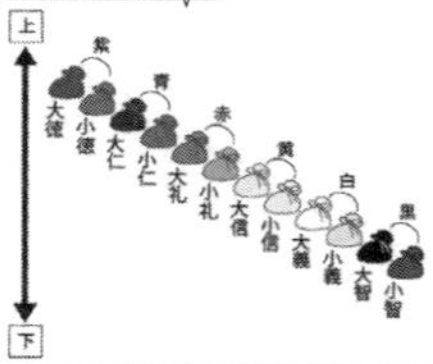

上記は603年，（2 ）が定めた（3　　）です。家柄や出身地に関係なく能力や功績で役人を取り立てるしくみです。上から順に徳・仁・礼・信・義・智となっています。

❸覚えよう！

第一条　人の和を大切にしなさい
第二条　仏教をあつく信仰しなさい
第三条　天皇の命令には必ず従いなさい
第五条　裁判は公平に行いなさい
第一二条　地方の役人が勝手に税を取ってはいけません

上記は604年に（2 ）が定めて，役人の心構えを示した，（4　　）です。新しい国づくりをめざした（2 ）の理想がわかります。神道や仏教，儒教（じゅきょう）などの影響（えいきょう）を受けています。

❹覚えよう！

6世紀に伝わってきた仏教を厚く信仰していた（2 ）は奈良に（5　　）を建てました。世界最古の木造建築です。また蘇我氏は飛鳥寺を建て，飛鳥大仏は日本で最古の大仏です。

❺覚えよう！

日出る処の天子，書を，日没する処の天子に致す。恙なきや。
（ひいづるところのてんし，しょを，ひぼっするところのてんしにいたす。つつがなきや）

これは（2 ）が中国の隋（ずい）に（6　　）を送ったときに（7　　）に持たせた手紙です。はじめ隋の皇帝は怒りましたが（2 ）は中国の進んだ政治のしくみや文化を取り入れました。

❻覚えよう！

（2 ）の死後，蘇我（そが）氏が天皇をしのぐほどの勢力を持ちます。645年に後の天智天皇となる（8　　）と（9　　）が蘇我氏を滅（ほろ）ぼします。これを（10　　）と言います。

❼覚えよう！

（10 ）後，中国の制度を手本として都から全国の支配を広げました。豪族が支配していた土地や人々を国のものとして，また飛鳥には（11　　）をつくりました。

❽考えよう？ 難

（8 ）は中国にならい，時間の管理を行うために写真のような（12　　）をつくりました。このようにして，天皇がすべてを管理する天皇中心の国づくりを目指しました。

❾考えよう？

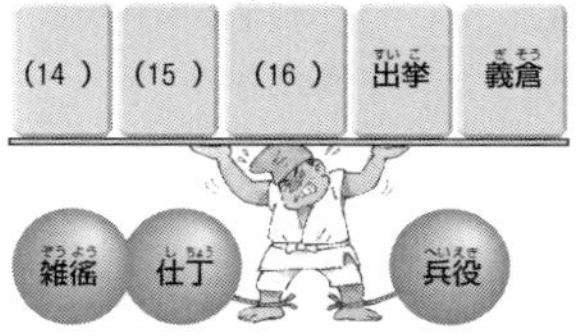

701年国を治めるための法律（13　　）ができあがり，税として人々には収穫した稲の約3～10%の（14 ），地方の特産物を納める（15 ），布を納めるか都で労働する（16 ）が課せられました。

❿チャレンジ✓

17）飛鳥の都では木簡と呼ばれる荷札が大量に発見されています。このことからどんなことがわかるでしょうか。

ヒント　水時計／律令／藤原京／摂政／十七条の憲法／調／遣隋使／小野妹子／中臣鎌足／大化の改新／租／庸／冠位十二階／法隆寺／中大兄皇子／聖徳太子

聖徳太子がどのような政治を行おうとしたのか考えよう

解答 A

❶ 覚えよう！

この人物の名前は20才になった593年に推古天皇の（1 **摂政**）となって蘇我氏とともに国づくりを行った（2 **聖徳太子**）です。
本名は厩戸皇子（うまやどのおうじ）と言います。

❷ 覚えよう！

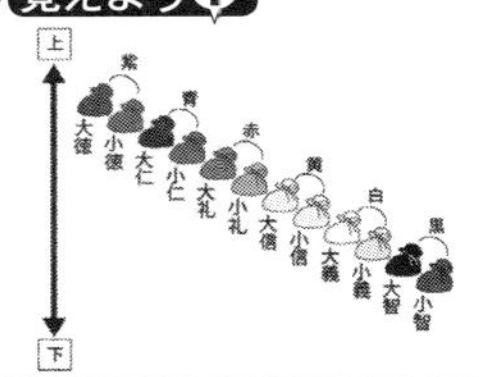

上記は603年，（2 ）が定めた（3 **冠位十二階**　　）です。家柄や出身地に関係なく能力や功績で役人を取り立てるしくみです。上から順に徳・仁・礼・信・義・智となっています。

❸ 覚えよう！

第一条　人の和を大切にしなさい
第二条　仏教をあつく信仰しなさい
第三条　天皇の命令には必ず従いなさい
第五条　裁判は公平に行いなさい
第一二条　地方の役人が勝手に税を取ってはいけません

上記は604年に（2 ）が定めて，役人の心構えを示した，（4 **十七条の憲法**　　）です。新しい国づくりをめざした（2 ）の理想がわかります。神道や仏教，儒教（じゅきょう）などの影響（えいきょう）を受けています。

❹ 覚えよう！

6世紀に伝わってきた仏教を厚く信仰していた（2 ）は奈良に（5 **法隆寺**　　）を建てました。世界最古の木造建築です。また蘇我氏は飛鳥寺を建て，飛鳥大仏は日本で最古の大仏です。

❺ 覚えよう！

日出る処の天子，書を，日没する処の天子に致す。恙なきや。
（ひいづるところのてんし，しょを，ひぼっするところのてんしにいたす。つつがなきや）

これは（2 ）が中国の随（ずい）に（6 **遣隋使**　　）を送ったときに（7 **小野妹子**　　）に持たせた手紙です。はじめ随の皇帝は怒りましたが（2 ）は中国の進んだ政治のしくみや文化を取り入れました。

❻ 覚えよう！

（2 ）の死後，蘇我（そが）氏が天皇をしのぐほどの勢力を持ちます。645年に後の天智天皇となる（8 **中大兄皇子**　）と（9 **中臣鎌足**　）が蘇我氏を滅（ほろ）ぼします。これを（10 **大化の改新**　）と言います。

❼ 覚えよう！

（10 ）後，中国の制度を手本として都から全国の支配を広げました。豪族が支配していた土地や人々を国のものとして，また飛鳥には（11 **藤原京**　　）をつくりました。

❽ 考えよう？ 難

（8 ）は中国にならい，時間の管理を行うために写真のような（12 **水時計**　　）をつくりました。このようにして，天皇がすべてを管理する天皇中心の国づくりを目指しました。

❾ 考えよう？

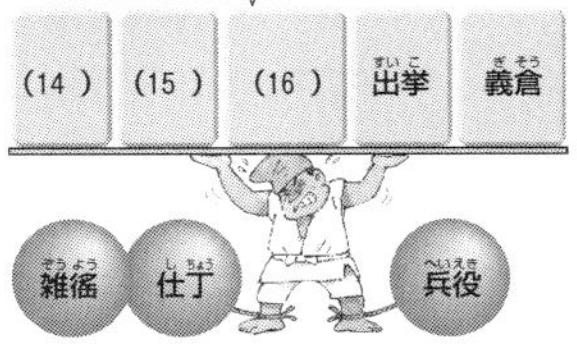

701年国を治めるための法律（13 **律令**）ができあがり，税として人々には収穫した稲の約3～10%の（14 **租**），地方の特産物を納める（15 **調**），布を納めるか都で労働する（16 **庸**）が課せられました。

❿ チャレンジ✓

17）飛鳥の都では木簡と呼ばれる荷札が大量に発見されています。このことからどんなことがわかるでしょうか。

木簡は全国から届けられる品物に付けられていた札で，それが都で多く出土されることから，全国の産物が都に届けられ，都が国の中心地であったことがわかる。

知っ得！ 随の皇帝，煬帝は太子が手紙の中で自らも「天使」としたことに激怒しましたが，朝鮮半島との対立の背景から日本との友好関係を優先したと言われています。

奈良時代まるわかりワーク

大仏造営を手がかりに天皇中心の国づくりがどのように進められたのか考えよう

名前

❶覚えよう！

ここは飛鳥の藤原京から710年に奈良に遷都(せんと)された都，（1　　　）の跡地です。（2　　　）の都（長安）にならって碁盤(ごばん)の目のように道で区切られ10万人もの人が住んでいました。

❷覚えよう！

この肖像画は奈良に都が移り724年に天皇になった（3　　　）です。この頃，都では病気が流行り，全国で災害や反乱が起き，社会全体に不安が広がっていました。

❸覚えよう！

（3 ）は（4　　　）の力で社会の不安を鎮めようと全国68ヶ所に（5　　　）を建てるように命じました。また都も京都，大阪，滋賀と移し結局，平城京に戻ります。

❹覚えよう！

全国に建てた（5 ）の中心として都に（6　　　）を建設しました。そして，国家事業として（7　　　）をつくることを命じ，全国の農民たちが集められました。

❺考えよう？

奈良の（7 ）をつくるために全国から大量の（8　　　）や金，水銀，すずなどの金属や木材が集められました。そして，全国から260万の人々が集められました。

❻考えよう？

（7 ）をつくるために，高度な技術を持つ朝鮮からの渡来人の子孫を工事の責任者としました。人々に（4 ）を広めながら土木工事を指導していた（9　　　）もその一人です。

❼覚えよう！

（3 ）は，大陸の政治のしくみや文化を学ぶために中国へ（10　　　）を送りました。航海は命がけでしたが様々なものがもたらされ宝物の一部が（11　　　）に収められています。

❽考えよう？

（3 ）は仏教の教えを正しく広める僧を求め，中国から（12　　　）という優れた僧を招きました。（12 ）は何度も航海に失敗します。6度目に到着後，日本で（13　　　）を建設しました。

❾覚えよう！難

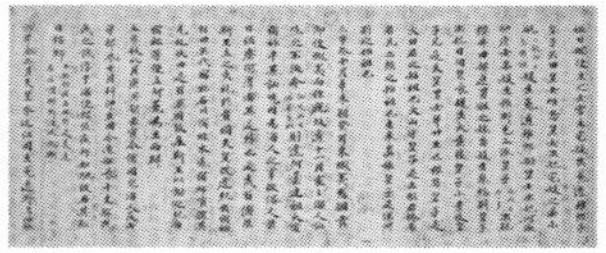

日本の歴史書が2冊完成します。一つは古事記，もう一つは写真の日本書紀です。その他，地方の物語である（14　　　），4,500ほどの歌を集めた（15　　　）があります。

❿チャレンジ

「どうしようもない世の中だが，鳥ではないので逃げられない」「泣く子を置いてきた。今頃どうしているだろうか」

貧窮問答歌（山上憶良）

16）彼は農民や九州で警備をする防人の歌を（15 ）に残しています。どんなことがわかりますか。

ヒント　風土記／唐／仏教／国分寺／大仏／行基／遣唐使／正倉院／平城京／鑑真／聖武天皇／銅／万葉集／東大寺／唐招提寺

大仏造営を手がかりに天皇中心の国づくりがどのように進められたのか考えよう

解答A

❶覚えよう！

ここは飛鳥の藤原京から710年に奈良に遷都（せんと）された都，（1 **平城京**　）の跡地です。（2 **唐**　）の都（長安）にならって碁盤（ごばん）の目のように道で区切られ10万人もの人が住んでいました。

❷覚えよう！

この肖像画は奈良に都が移り724年に天皇になった（3 **聖武天皇**　）です。この頃，都では病気が流行り，全国で災害や反乱が起き，社会全体に不安が広がっていました。

❸覚えよう！

（3 ）は（4 **仏教**　）の力で社会の不安を鎮めようと全国68ヶ所に（5 **国分寺**　）を建てるように命じました。また都も京都，大阪，滋賀と移し結局，平城京に戻ります。

❹覚えよう！

全国に建てた（5 ）の中心として都に（6 **東大寺**　）を建設しました。そして，国家事業として（7 **大仏**　）をつくることを命じ，全国の農民たちが集められました。

❺考えよう？

奈良の（7 ）をつくるために全国から大量の（8 **銅**　）や金，水銀，すずなどの金属や木材が集められました。そして，全国から260万の人々が集められました。

❻考えよう？

（7 ）をつくるために，高度な技術を持つ朝鮮からの渡来人の子孫を工事の責任者としました。人々に（4 ）を広めながら土木工事を指導していた（9 **行基**　）もその一人です。

❼覚えよう！

（3 ）は，大陸の政治のしくみや文化を学ぶために中国へ（10 **遣唐使**　）を送りました。航海は命がけでしたが様々なものがもたらされ宝物の一部が（11 **正倉院**　）に収められています。

❽考えよう？

（3 ）は仏教の教えを正しく広める僧を求め，中国から（12 **鑑真**　）という優れた僧を招きました。（12 ）は何度も航海に失敗します。6度目に到着後，日本で（13 **唐招提寺**　）を建設しました。

❾覚えよう！難

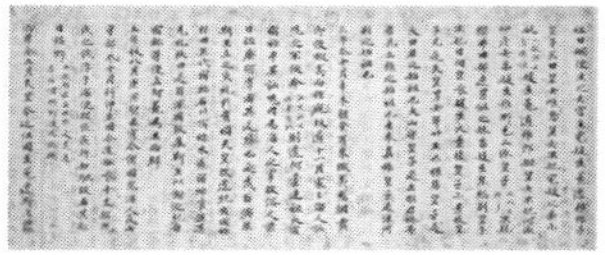

日本の歴史書が2冊完成します。一つは古事記，もう一つは写真の日本書紀です。その他，地方の物語である（14 **風土記**　），4,500ほどの歌を集めた（15 **万葉集**　）があります。

❿チャレンジ✓

「どうしようもない世の中だが，鳥ではないので逃げられない」「泣く子を置いてきた。今頃どうしているだろうか」

貧窮問答歌（山上憶良）

16）彼は農民や九州で警備をする防人の歌を（15 ）に残しています。どんなことがわかりますか。

都は発展し，人口が増え栄えていたが，地方の農民の暮らしは重い税や，労働に苦しんでいたことがわかる。

知っ得！　正倉院には聖武天皇の遺品をはじめ，東大寺の大仏開眼の儀式で使われた品など約9,000点の宝が所蔵されています。

平安時代まるわかりワーク

貴族の生活の様子や文化から当時の国の様子を考えよう

名前

❶覚えよう!

794年，都は奈良の平城京から，桓武天皇によって京都の（1　　　　　　）に遷都されました。以後，天皇が住む首都としては明治に入り江戸城に移り住むまで続きます。

❷覚えよう!

平安時代になると都では天皇から位を授かった特権階級の氏族の（2　　　　　　）が力を持ち政治を行うようになりました。中でも大きな力を持ったのが（3　　　　　　）です。

❸考えよう?

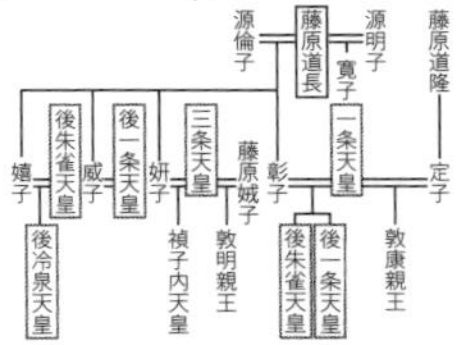

（3 ）が「この世をば わが世とぞ思ふ 望月の 欠けたることも なしと思へば」と歌を詠むほど権力を得たのは自分の（4　　　　）4人を天皇の后にし，つながりを強めたからです。

❹覚えよう!

（2 ）は（5　　　　　　）と呼ばれる広い庭や池のある屋敷に住み，囲碁やけまり，双六，乗馬を楽しんだり，和歌を詠んだり，琴，琵琶，笛を演奏したりしていました。

❺覚えよう!

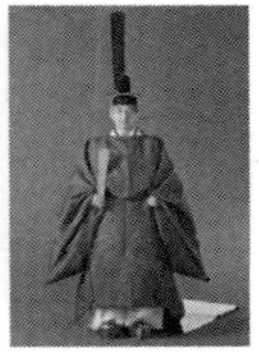

左は宮殿の女性の正装であり（6　　　　　　）と呼ばれ，右は男性の正装で（7　　　　　　）と呼ばれます。そして端午の節句や七夕など様々な年中行事に参加し，優雅にくらしていました。

❻覚えよう!

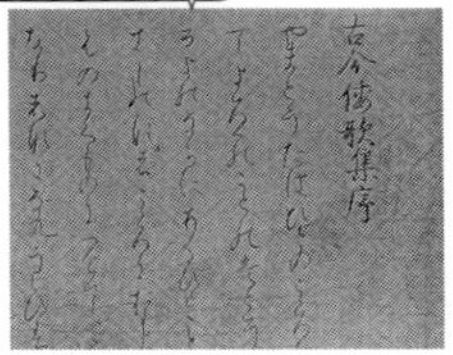

平安時代につくられた歌集「新古今和歌集」は漢字からできた（8　　　　　　）で書かれています。（8 ）は主に女性の間で使われ多くの作品が残りました。

❼覚えよう!

右は道長の娘の教育係として仕えた（9　　　　　　）です。（10　　　　　　）を書きました。左は別の妃の教育係だった（11　　　　　　）です。（12　　　　　　）を書きました。

❽考えよう? 難

←熊野古道
熊野三山には阿弥陀仏を信仰するためにできた奈良から和歌山を結ぶ山道。

貴族の間には争いや病などが多く起きたことから，仏教がすたれこの世が終わる思いがわき（13　　　　　　）へのあこがれから天皇や貴族の間で熊野もうでがさかんに行われました。

❾考えよう?

写真は（3 ）の息子である（14　　　　　　）が建てた，（15　　　　　　）です。（10 ）には（13 ）を想像する場面があり，（15 ）はそれを表したような阿弥陀堂となっています。

❿チャレンジ✓

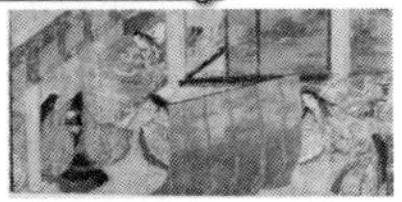

16）大和絵やかな文字，雛祭りなどの今も残る年中行事が誕生しました。どんな特徴がありますか？

ヒント 十二単／束帯／平安京／仮名文字／平等院鳳凰堂／紫式部／娘／源氏物語／清少納言／貴族／枕草子／極楽浄土／藤原頼通／寝殿造／藤原道長

平安時代まるわかりワーク

貴族の生活の様子や文化から当時の国の様子を考えよう

解答A

❶ 覚えよう！

794年，都は奈良の平城京から，桓武天皇によって京都の（1 **平安京**　　　）に遷都されました。以後，天皇が住む首都としては明治に入り江戸城に移り住むまで続きます。

❷ 覚えよう！

平安時代になると都では天皇から位を授かった特権階級の氏族の（2 **貴族**　　　）が力を持ち政治を行うようになりました。中でも大きな力を持ったのが（3 **藤原道長**　　）です。

❸ 考えよう？

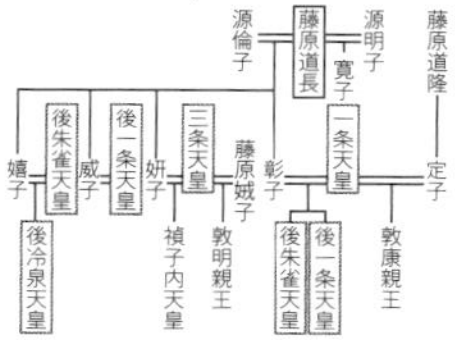

（3 ）が「この世をば わが世とぞ思ふ 望月の 欠けたることも なしと思へば」と歌を詠むほど権力を得たのは自分の（4 **娘**　　）4人を天皇の后にし，つながりを強めたからです。

❹ 覚えよう！

（2 ）は（5 **寝殿造**　　　）と呼ばれる広い庭や池のある屋敷に住み，囲碁やけまり，双六，乗馬を楽しんだり，和歌を詠んだり，琴，琵琶，笛を演奏したりしていました。

❺ 覚えよう！

左は宮殿の女性の正装であり（6 **十二単**　　　）と呼ばれ，右は男性の正装で（7 **束帯**　　）と呼ばれます。そして端午の節句や七夕など様々な年中行事に参加し，優雅にくらしていました。

❻ 覚えよう！

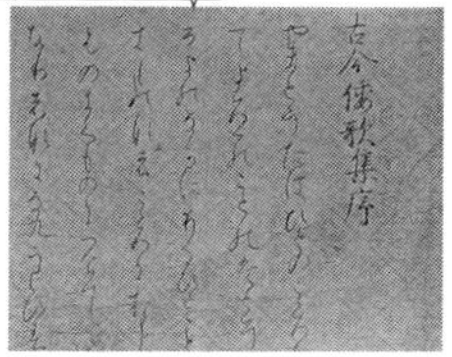

平安時代につくられた歌集「新古今和歌集」は漢字からできた（8 **仮名文字**　　）で書かれています。（8 ）は主に女性の間で使われ多くの作品が残りました。

❼ 覚えよう！

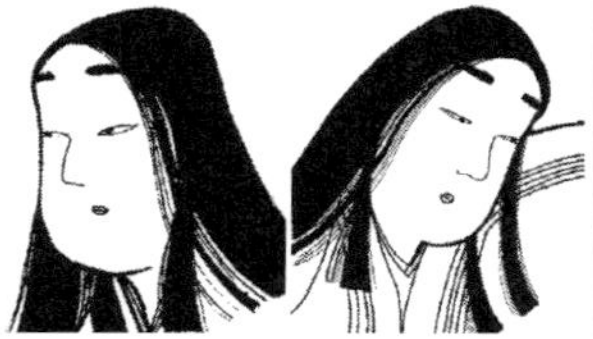

右は道長の娘の教育係として仕えた（9 **紫式部**　　　）です。（10 **源氏物語**　　）を書きました。左は別の妃の教育係だった（11 **清少納言**　　）です。（12 **枕草子**　　）を書きました。

❽ 考えよう？ 難

←**熊野古道**
熊野三山には阿弥陀仏を信仰するためにできた奈良から和歌山を結ぶ山道。

貴族の間には争いや病などが多く起きたことから，仏教がすたれこの世が終わる思いがわき（13 **極楽浄土**　　）へのあこがれから天皇や貴族の間で熊野もうでがさかんに行われました。

❾ 考えよう？

写真は（3 ）の息子である（14 **藤原頼通**　　）が建てた，（15 **平等院鳳凰堂**　　）です。（10 ）には（13 ）を想像する場面があり，（15 ）はそれを表したような阿弥陀堂となっています。

❿ チャレンジ

16）大和絵やかな文字，雛祭りなどの今も残る年中行事が誕生しました。どんな特徴がありますか？

平安時代に誕生した年中行事などの文化が今も現代に残るなど，日本風の文化が生まれた。

知っ得！ 平等院鳳凰堂が10円玉に刻まれていることは有名ですが，実は1万円札の裏側の鳳凰も平等院の屋上の鳳凰像なのです。

鎌倉時代まるわかりワーク

武士による政治がどのように始まり，どのような仕組みであったかを考えよう

名前

❶覚えよう！

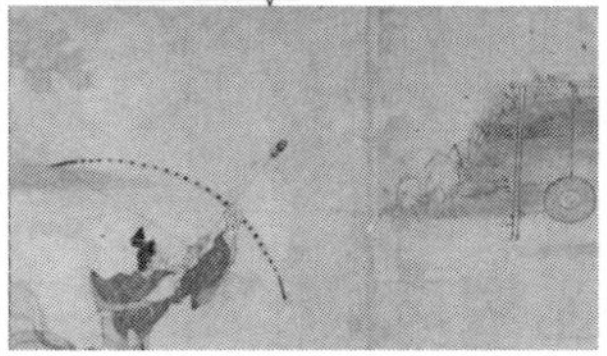

平安時代後期，地方の有力な農民や都から地方に派遣されていた役人が自分の領地を守るために武装するようになりました。彼らのような豪族を（1　　　　　）と呼びます。

❷覚えよう！

朝廷や貴族の勢力争いに関わった（1 ）たちは力をつけ，東国の（2　　　　　）と西国の（3　　　　　）が力を持ちました。平治の乱の後1167年に（4　　　　　）が権力を握りました。

❸覚えよう！

（4 ）は武士として初めて太政大臣となりましたが貴族のような政治に不満があがり，再び源平の合戦となりました。（5　　　　　）の活躍により壇ノ浦の戦いで（2 ）が勝利します。

❹覚えよう！

1192年，（5 ）の兄の（6　　　　　）が征夷大将軍に任命され，神奈川県の（7　　　　　）に幕府を開きました。全国に（8　　　　　）や地頭を置き，国をまとめていきました。

❺考えよう？

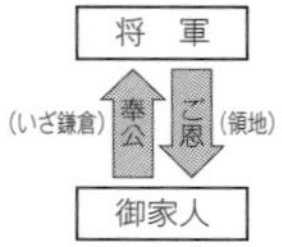

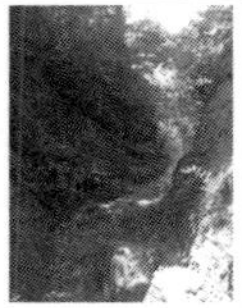

山々に囲まれた鎌倉に入るには切通しを通らなければなりません。

（6 ）は御家人に土地所有を認め，手柄を立てた御家人に（9　　　　　）として領地を与え，結びつきを強めました。御家人は戦乱のときは（10　　　　　）として鎌倉に向かいました。

❻覚えよう！

（2 ）は3代で絶え，政権は執権を持つ（11　　　　　）氏に移ります。朝廷の反乱が起きますが頼朝の妻（12　　　　　）の訴えもあり朝廷を抑え，京都に（13　　　　　）を置きました。

❼覚えよう！難

（15）

フビライ・ハン

（11 ）氏は最初の武士の法律（14　　　　　）を制定し幕府の支配力を強めていきますが8代執権の（15　　　　　）のときに，中国の（16　　　　　）の大軍が九州に攻めてきました。

❽考えよう？

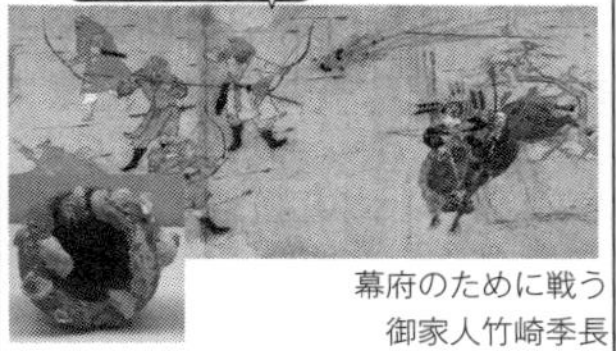

幕府のために戦う御家人竹崎季長

（16 ）は当時日本にはない火薬を使った（17　　　　　）などを使用したり集団戦法で攻めてきたりする戦法を持ち，苦しみましたが，一所懸命に戦う御家人の活躍で2度の攻撃を退けました。

❾考えよう？

この2度の（16 ）の攻撃を（18　　　　　）と言います。しかしその後も襲来があることを予想して，幕府は御家人に（19　　　　　）を九州に築かせ，何年も守ることを命じました。

❿チャレンジ✓

20）竹崎季長は恩賞をもらうために幕府に直接訴えました。なぜそのような行動をとったのでしょうか。

ヒント 源頼朝／鎌倉／奉公／ご恩／源氏／源義経／北条政子／六波羅探題／平氏／御成敗式目／北条時宗／元／北条／防塁／てつはう／元寇／平清盛／守護／武士

鎌倉時代まるわかりワーク

武士による政治がどのように始まり，どのような仕組みであったかを考えよう

解答A

❶ 覚えよう！

平安時代後期，地方の有力な農民や都から地方に派遣されていた役人が自分の領地を守るために武装するようになりました。彼らのような豪族を（1 **武士**　）と呼びます。

❷ 覚えよう！

朝廷や貴族の勢力争いに関わった（1 ）たちは力をつけ，東国の（2 **源氏**　）と西国の（3 **平氏**　）が力を持ちました。平治の乱の後1167年に（4 **平清盛**　）が権力を握りました。

❸ 覚えよう！

（4 ）は武士として初めて太政大臣となりましたが貴族のような政治に不満があがり，再び源平の合戦となりました。（5 **源義経**　）の活躍により壇ノ浦の戦いで（2 ）が勝利します。

❹ 覚えよう！

1192年，（5 ）の兄の（6 **源頼朝**　）が征夷大将軍に任命され，神奈川県の（7 **鎌倉**　）に幕府を開きました。全国に（8 **守護**　）や地頭を置き，国をまとめていきました。

❺ 考えよう？

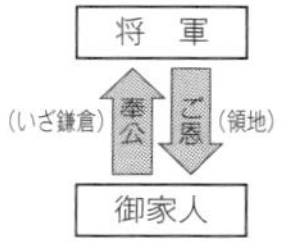

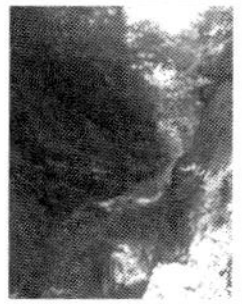

山々に囲まれた鎌倉に入るには切通しを通らなければなりません。

（6 ）は御家人に土地所有を認め，手柄を立てた御家人に（9 **ご恩**　）として領地を与え，結びつきを強めました。御家人は戦乱のときは（10 **奉公**　）として鎌倉に向かいました。

❻ 覚えよう！

（2 ）は3代で絶え，政権は執権を持つ（11 **北条**　）氏に移ります。朝廷の反乱が起きますが頼朝の妻（12 **北条政子**　）の訴えもあり朝廷を抑え，京都に（13 **六波羅探題**　）を置きました。

❼ 覚えよう！ 難

（15）

フビライ・ハン

（11 ）氏は最初の武士の法律（14 **御成敗式目**　）を制定し幕府の支配力を強めていきますが8代執権の（15 **北条時宗**　）のときに，中国の（16 **元**　）の大軍が九州に攻めてきました。

❽ 考えよう？

幕府のために戦う御家人竹崎季長

（16 ）は当時日本にはない火薬を使った（17 **てつはう**　）などを使用したり集団戦法で攻めてきたりする戦法を持ち，苦しみましたが，一所懸命に戦う御家人の活躍で2度の攻撃を退けました。

❾ 考えよう？

この2度の（16 ）の攻撃を（18 **元寇**　）と言います。しかしその後も襲来があることを予想して，幕府は御家人に（19 **防塁**　）を九州に築かせ，何年も守ることを命じました。

❿ チャレンジ✓

20）竹崎季長は恩賞をもらうために幕府に直接訴えました。なぜそのような行動をとったのでしょうか。

幕府は御家人の活躍で元を退けたが，元の領地を奪ったわけではなかったこともあり，負担が大きいにもかかわらず御家人に十分な恩賞を与えられず，御家人たちが不満を持ったから。

知っ得！ 源平の合戦では源氏は白い旗，平氏は赤い旗を掲げて敵味方の区別をしていました。現在の運動会などの紅白はこれが起源と言われています。

6年社会科ワークNo.11（室町時代）

室町時代まるわかりワーク

室町の文化を調べ現代とのつながりを考えよう

名前

❶ 覚えよう！

鎌倉幕府は元寇後，衰退します。その後，後醍醐天皇や足利尊氏，新田義貞，楠木正成により1333年に滅び，1338年に（1　　　　　　　）が将軍となり京都に幕府を開きました。

❷ 覚えよう！

3代将軍（2　　　　　　　）は京都の（3　　　　　　）に住まいを移し政治を行いました。そこで，この幕府のことを（3）幕府と呼んでいます。邸宅は花の御所とも呼ばれていました。

❸ 覚えよう！

（2）は各地の（4　　　　　）を従え，中国（明）と貿易をし，権力を強めていきます。その舞台となったのが京都北山に建てた（5　　　　　）です。1950年に焼失し建て替えました。

❹ 覚えよう！

8代将軍についたのが（2）の孫に当たる（6　　　　　）です。その頃，すでに幕府は財政難で政治は有力な守護大名に任せ自身は文化人として過ごしていました。土一揆に苦しみました。

❺ 覚えよう！

ふすま，障子，畳，床の間，違い棚

（6）は京都の東山に（7　　　　）を建てました。（7）は客をもてなすための床の間やふすまのある専用の部屋が特徴です。この部屋のつくりは（8　　　　　）と呼ばれ今も残っています。

❻ 覚えよう！

京都龍安寺には（9　　　　　　）という砂と石で山や水などを表す石庭が見られます。このような石庭が数多くつくられました。当時，身分で差別を受けていた人々の技術が生かされています。

❼ 覚えよう！

鎌倉時代に伝わった墨だけを使って描く墨絵（水墨画）は，中国で修行をした（10　　　　）によって日本風に大成しました。墨絵はふすま絵や床の間にかざる掛け軸に使われました。

❽ 考えよう？ 難

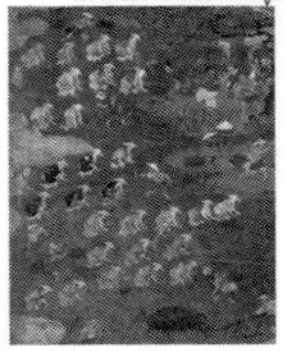

田植えの時に豊作を祈って踊ったのが田楽。
祭りの時に演じられたのが猿楽。

国立博物館所蔵

農村では農具の改良や品種改良を行い生産力が高まりました。団結力も高まり，祭りや盆踊り，田楽や猿楽も生まれました。田楽や猿楽はのちの（11　　　）や（12　　　　　）に発展します。

❾ 考えよう？

1467年（6）の後継問題で全国の大名が2つに分かれて内乱となり，これを（13　　　　　　）と言います。京都で起きたことで400年続いた祇園祭が途絶えましたが，その後復活しました。

❿ チャレンジ✓

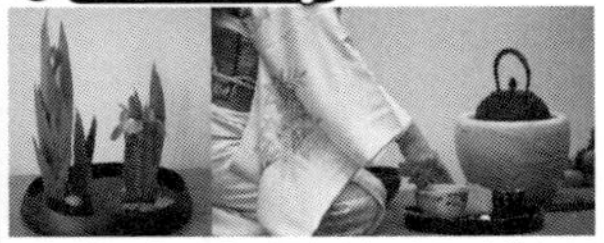

14）生け花や茶の湯など，室町時代には多くの文化が生まれました。どのような特色があるでしょうか。

ヒント　枯山水／足利義満／守護大名／狂言／足利義政／書院造／応仁の乱／雪舟／能／足利尊氏／金閣／室町／銀閣

6年社会科ワークNo.11（室町時代）

室町時代まるわかりワーク

室町の文化を調べ現代とのつながりを考えよう

解答A

❶ 覚えよう！

鎌倉幕府は元寇(げんこう)後，衰退(すいたい)します。その後，後醍醐天皇や足利尊氏，新田義貞，楠木正成により1333年に滅び，1338年に（1 **足利尊氏**　　）が将軍となり京都に幕府を開きました。

❷ 覚えよう！

3代将軍（2 **足利義満**　）は京都の（3 **室町**　）に住まいを移し政治を行いました。そこで，この幕府のことを（3）幕府と呼んでいます。邸宅は花の御所とも呼ばれていました。

❸ 覚えよう！

（2）は各地の（4 **守護大名**　）を従え，中国（明）と貿易をし，権力を強めていきます。その舞台となったのが京都北山に建てた（5 **金閣**　）です。1950年に焼失し建て替えました。

❹ 覚えよう！

8代将軍についたのが（2）の孫に当たる（6 **足利義政**　）です。その頃，すでに幕府は財政難で政治は有力な守護大名に任せ自身は文化人として過ごしていました。土一揆(つちいっき)に苦しみました。

❺ 覚えよう！

ふすま，障子，畳，床の間，違い棚

（6）は京都の東山に（7 **銀閣**　）を建てました。（7）は客をもてなすための床の間やふすまのある専用の部屋が特徴です。この部屋のつくりは（8 **書院造**　）と呼ばれ今も残っています。

❻ 覚えよう！

京都龍安寺には（9 **枯山水**　）という砂と石で山や水などを表す石庭が見られます。このような石庭が数多くつくられました。当時，身分で差別を受けていた人々の技術が生かされています。

❼ 覚えよう！

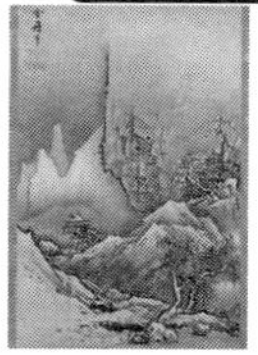

鎌倉時代に伝わった墨(すみ)だけを使って描(か)く墨絵(すみえ)（水墨画(すいぼくが)）は，中国で修行をした（10 **雪舟**　）によって日本風に大成しました。墨絵はふすま絵や床の間にかざる掛(か)け軸(じく)に使われました。

❽ 考えよう？ 難

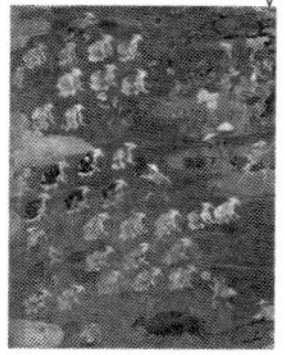

田植えの時に豊作を祈って踊ったのが田楽。
祭りの時に演じられたのが猿楽。

国立博物館所蔵

農村では農具の改良や品種改良を行い生産力が高まりました。団結力も高まり，祭りや盆踊(ぼんおど)り，田楽や猿楽も生まれました。田楽や猿楽はのちの（11 **能**　）や（12 **狂言**　）に発展します。

❾ 考えよう？

1467年（6）の後継問題で全国の大名が2つに分かれて内乱となり，これを（13 **応仁の乱**　）と言います。京都で起きたことで400年続いた祇園祭(ぎおんまつり)が途絶えましたが，その後復活しました。

❿ チャレンジ✓

14）生け花や茶の湯など，室町時代には多くの文化が生まれました。どのような特色があるでしょうか。

室町時代には，書院造や墨絵，生け花，茶の湯，地域のお祭りなど，今につながる文化が数多く生まれたことが特色である。

知っ得！ 皇居外苑に楠木正成像があるのは，南北朝時代に最後まで後醍醐天皇を守り戦いぬいたことに由来します。

織田信長がどのように武力や経済力をつけ，どのような国づくりを目指したかを考えよう

名前

❶考えよう？

室町幕府は応仁の乱後，力が衰退(すいたい)し守護大名たちが争いました。その後，身分が下の守護代が守護大名を実力で倒す（1　　　　　）の風潮が広がり（2　　　　　）が登場します。

❷考えよう？

（2 ）は領地を支配し周囲の大名と争うようになります。尾張の大名（3　　　　　）は（4　　　　　）の戦いで今川義元をやぶり頭角をあらわしました。

❸考えよう？

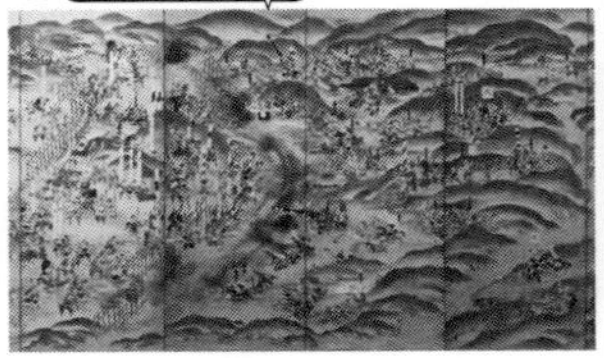

（3 ）は当時の日本に伝わってきた（5　　　　　）を大量に仕入れ，（6　　　　　）では3,000丁もの（5 ）を使い武田氏を破ったと言われます。

❹覚えよう！

（6 ）では武田軍の騎馬隊(きばたい)を（7　　　　　）で防ぎました。攻撃で使った（5 ）は火縄銃(ひなわじゅう)と言って（8　　　　　）の漂流船(ひょうりゅうせん)によって1543年に種子島から伝わりました。

❺覚えよう！

焼失した城の模型

（3 ）は周囲の有力大名を倒(たお)し勢力を広げます。その後京都に入り室町幕府を滅(ほろ)ぼしました。また滋賀県に（9　　　　　）を建て城下町をつくりました。

❻考えよう？

（3 ）は城下町では誰でも商売ができるようにした（10　　　　　）を行い，城下町に誰でも入れるように各地の（11　　　　　）を廃止しました。その結果経済を発展させました。

❼覚えよう！

南蛮寺

（3 ）はヨーロッパからきた宣教師（12　　　　　）などによって伝えられた，（13　　　　　）教を保護し協会や学校をつくりました。また，（14　　　　　）貿易で国を栄えさせました。

❽考えよう？難

（3 ）は当時武装して力をつけ対立していた比叡山(ひえいざん)（15　　　　　）を焼き討ちにしたり，一向宗の石山本願寺を攻めたりして，仏教勢力をおさえ込みました。

❾考えよう？

1582年（3 ）は中国地方の毛利氏らを攻めるために京都の（16　　　　　）に宿泊していましたが，家臣の（17　　　　　）に裏切られ自害しました。これを（16 ）の変と言います。

❿チャレンジ✓

18）なぜ信長は「天下布武」の朱印を使い，世の中の天下統一を目指したのでしょうか。

ヒント 安土城／桶狭間／明智光秀／織田信長／戦国大名／長篠の戦い／ザビエル／ポルトガル／南蛮／延暦寺／本能寺／関所／馬防柵／キリスト／下剋上／楽市・楽座／鉄砲

織田信長がどのように武力や経済力をつけ，どのような国づくりを目指したかを考えよう

解答A

❶ 考えよう?

室町幕府は応仁の乱後，力が衰退し守護大名たちが争いました。その後，身分が下の守護代が守護大名を実力で倒す（1 **下剋上**）の風潮が広がり（2 **戦国大名**）が登場します。

❷ 考えよう?

（2 ）は領地を支配し周囲の大名と争うようになります。尾張の大名（3 **織田信長**）は（4 **桶狭間**）の戦いで今川義元をやぶり頭角をあらわしました。

❸ 考えよう?

（3 ）は当時の日本に伝わってきた（5 **鉄砲**）を大量に仕入れ，（6 **長篠の戦い**）では3,000丁もの（5 ）を使い武田氏を破ったと言われます。

❹ 覚えよう!

（6 ）では武田軍の騎馬隊を（7 **馬防柵**）で防ぎました。攻撃で使った（5 ）は火縄銃と言って（8 **ポルトガル**）の漂流船によって1543年に種子島から伝わりました。

❺ 覚えよう!

焼失した城の模型

（3 ）は周囲の有力大名を倒し勢力を広げます。その後京都に入り室町幕府を滅ぼしました。また滋賀県に（9 **安土城**）を建て城下町をつくりました。

❻ 考えよう?

（3 ）は城下町では誰でも商売ができるようにした（10 **楽市・楽座**）を行い，城下町に誰でも入れるように各地の（11 **関所**）を廃止しました。その結果経済を発展させました。

❼ 覚えよう!

南蛮寺

（3 ）はヨーロッパからきた宣教師（12 **ザビエル**）などによって伝えられた，（13 **キリスト**）教を保護し協会や学校をつくりました。また，（14 **南蛮**）貿易で国を栄えさせました。

❽ 考えよう? 難

（3 ）は当時武装して力をつけ対立していた比叡山（15 **延暦寺**）を焼き討ちにしたり，一向宗の石山本願寺を攻めたりして，仏教勢力をおさえ込みました。

❾ 考えよう?

1582年（3 ）は中国地方の毛利氏らを攻めるために京都の（16 **本能寺**）に宿泊していましたが，家臣の（17 **明智光秀**）に裏切られ自害しました。これを（16 ）の変と言います。

❿ チャレンジ✓

18）なぜ信長は「天下布武」の朱印を使い，世の中の天下統一を目指したのでしょうか。

織田信長は，これまでのしくみを次々と変えて新しい国づくりを行い，戦国の世を終わらせるために戦っていた。

知っ得! 信長を討った明智光秀は中国大返しで戻ってきた豊臣秀吉に攻められ，逃げる途中に2人の百姓に殺されたと言われています。本能寺の変から11日後のことでした。

秀吉がどのような政策を行い天下統一をしたのか考えよう

名前

❶覚えよう！

（1　　　　　　　　）は尾張の下級武士（農民）の子として生まれ織田信長に仕えて有力な武士になります。本能寺の変の後に中国大返しで京に戻り明智光秀を倒し，信長を引き継ぎました。

❷覚えよう！

（1 ）は武士として初めて関白となり大阪に政治の拠点（きょてん）として（2　　　　　）を建設しました。その後，太政大臣にもなり他の大名を従え，仏教勢力もおさえ，天下統一を果たします。

❸考えよう？

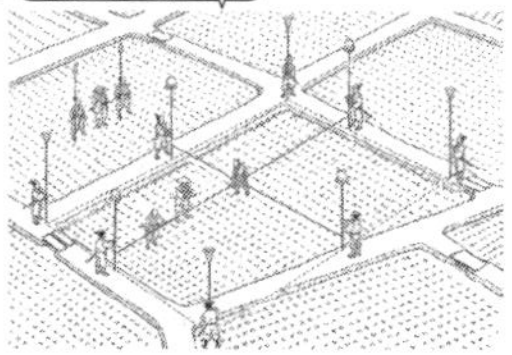

（1 ）は領地の田畑の分布，田畑の広さや土地のよしあし，生産高，耕作している人を調べて，決められた年貢を納める義務を農民に負わせました。これを（3　　　　　　）と呼びます。

❹考えよう？

（1 ）は一揆を起こさないように農民から武器を取り上げる（4　　　　　）を行い，また農民を百姓として村での農業，林業，漁業などに専念させ身分を明確に区別しました。

❺覚えよう！

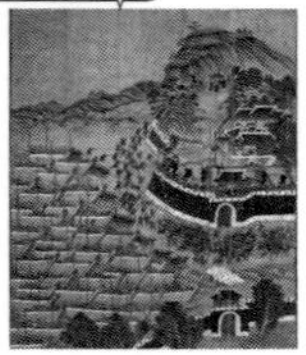

（1 ）は天下統一した後に中国（明）を征服しようと考え2度に渡り（5　　　　　）に大群を出兵させましたが激しい抵抗を受け，行き詰まり（1 ）の病死後に撤退（てったい）しました。

❻覚えよう！

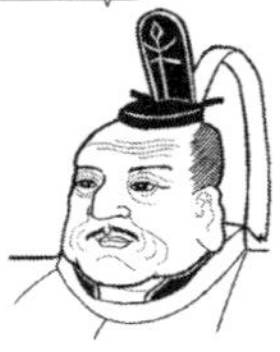

（1 ）病死後，関東の有力な大名であった（6　　　　　）は勢いを強め（7　　　　）の戦いで豊臣方の大名を破り天下統一を果たしました。1603年に征夷大将軍になりました。

❼覚えよう！

（7 ）の戦いは1600年，現在の岐阜県で行われました。西軍，豊臣方の中心人物は（8　　　　　）でしたが，味方の裏切りもあり約18万の軍勢の激突はわずか半日で決着しました（諸説あり）。

❽覚えよう！

（6 ）は（9　　　　　）に幕府を開き江戸城や城下町をつくります。また豊臣氏を滅ぼすために方広寺の鐘の銘文が家康の名を分けていると非難し豊臣氏を（10　　　　）の陣で滅ぼしました。

❾考えよう？難

（6 ）は（9 ）の町の入り江を埋め立てるなどして城下町を広げていきました。一方で全国には（11　　　　）令を出して，大名が住む城以外の城の破壊を命じました。

❿チャレンジ✓

「織田がつき　羽柴がこねし　天下もち　すわりしままに　くふは徳川」

12）上の歌からわかる3人の武将の天下統一を目指した働きをまとめましょう。

ヒント　徳川家康／太閤検地／豊臣秀吉／石田三成／刀狩／江戸／大阪／一国一城／大阪城／朝鮮／関ヶ原

秀吉がどのような政策を行い天下統一をしたのか考えよう

解答A

❶覚えよう！

（1 豊臣秀吉　　）は尾張の下級武士（農民）の子として生まれ織田信長に仕えて有力な武士になります。本能寺の変の後に中国大返しで京に戻り明智光秀を倒し，信長を引き継ぎました。

❷覚えよう！

（1 ）は武士として初めて関白となり大阪に政治の拠点として（2 大阪城　　）を建設しました。その後，太政大臣にもなり他の大名を従え，仏教勢力もおさえ，天下統一を果たします。

❸考えよう？

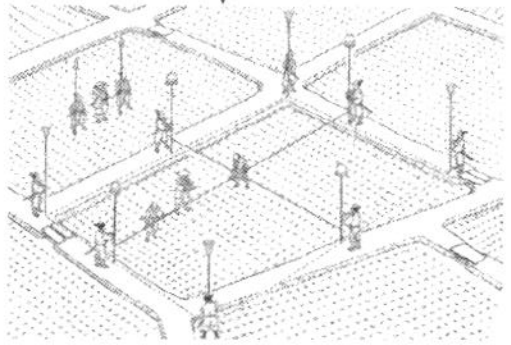

（1 ）は領地の田畑の分布，田畑の広さや土地のよしあし，生産高，耕作している人を調べて，決められた年貢を納める義務を農民に負わせました。これを（3 太閤検地　　）と呼びます。

❹考えよう？

（1 ）は一揆を起こさないように農民から武器を取り上げる（4 刀狩　　）を行い，また農民を百姓として村での農業，林業，漁業などに専念させ身分を明確に区別しました。

❺覚えよう！

（1 ）は天下統一した後に中国（明）を征服しようと考え2度に渡り（5 朝鮮　　）に大群を出兵させましたが激しい抵抗を受け，行き詰まり（1 ）の病死後に撤退しました。

❻覚えよう！

（1 ）病死後，関東の有力な大名であった（6 徳川家康 ）は勢いを強め（7 関ヶ原 ）の戦いで豊臣方の大名を破り天下統一を果たしました。1603年に征夷大将軍になりました。

❼覚えよう！

（7 ）の戦いは1600年，現在の岐阜県で行われました。西軍，豊臣方の中心人物は（8 石田三成 ）でしたが，味方の裏切りもあり約18万の軍勢の激突はわずか半日で決着しました（諸説あり）。

❽覚えよう！

（6 ）は（9 江戸　　）に幕府を開き江戸城や城下町をつくります。また豊臣氏を滅ぼすために方広寺の鐘の銘文が家康の名を分けていると非難し豊臣氏を（10 大阪　　）の陣で滅ぼしました。

❾考えよう？難

（6 ）は（9 ）の町の入り江を埋め立てるなどして城下町を広げていきました。一方で全国には（11 一国一城 ）令を出して，大名が住む城以外の城の破壊を命じました。

❿チャレンジ✓

「織田がつき　羽柴がこねし　天下もち　すわりしままに　くふは徳川」

12）上の歌からわかる3人の武将の天下統一を目指した働きをまとめましょう。

織田信長は新しい戦い方で戦国をまとめていき，秀吉は検地や刀狩で社会のしくみをつくり，その両方に仕えた家康はじっと待ち最後に天下を統一した。

知っ得！　関ヶ原の戦いは東軍が徳川軍約8万，西軍が石田三成軍約10万でしたが（諸説あり），西軍の小早川秀秋の裏切りで西軍が総崩れし，東軍の大勝利となりました。

6年社会科ワークNo.14（江戸時代①）

江戸時代まるわかりワーク①

江戸時代がどのような政策で幕府の基礎（きそ）を築いたのかを考えよう

名前

❶覚えよう！

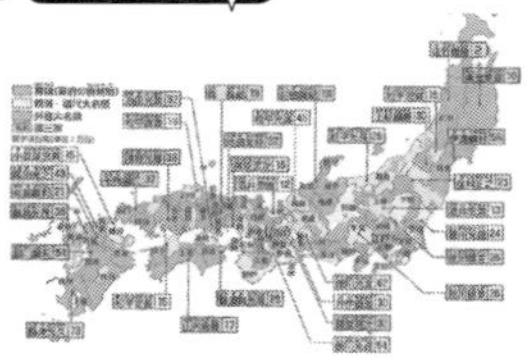

家康と2代将軍秀忠は各大名の国を藩（はん）として分類・配置します。徳川の親戚（しんせき）を（1　　　　　），古くからの徳川家の家臣を（2　　　　　），将軍になる前の徳川と同格の大名を（3　　　　　）としました。

❷覚えよう！

大阪の陣で豊臣家を滅ぼした家康は諸大名を伏見城（京都）に集め秀忠の名で大名統制のための法令（4　　　　　）を発布し，全国の大名を取り締まりました。

❸覚えよう！ 難

家康は秀吉を引き継ぎ，外国人との貿易を盛んにします。東南アジアを拠点（きょてん）にポルトガルやオランダなどと貿易をしました。家康の許可状を持っていたことから（5　　　　　）貿易と言います。

❹考えよう？

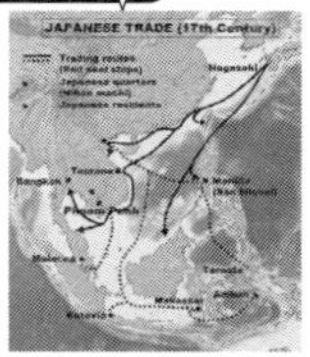

（5）貿易の結果，東南アジアの各地で生活する人々も増えます。この日本人の居留地を（6　　　　　）と呼び，タイのアユタヤなどが有名で1,500人の日本人が住んでいたと言われています。

❺覚えよう！

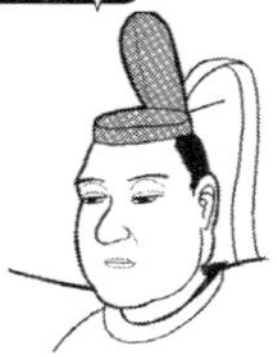

「生まれながらの将軍」3代将軍（7　　　　　）は（4）を改めて（8　　　　　）を制度として定めました。これにより大名たちは1年おきに江戸と領地（藩）を行き来しました。

❻考えよう？

踏み絵で使用↑
←天草四郎

幕府は宣教師がキリスト教信者を増やすことで神への信仰（しんこう）が，幕府の権威（けんい）を軽視することを恐（おそ）れ，キリスト教を禁止します。そのため島原地方で（9　　　　　）一揆（いっき）が起きました。

❼考えよう？

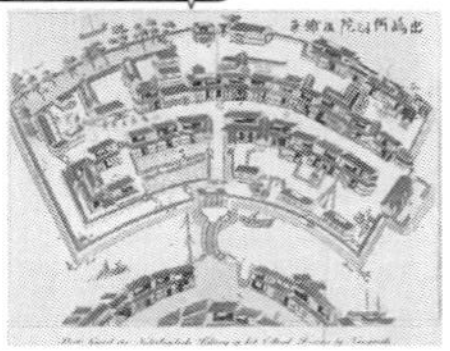

（7）は布教をしない中国とオランダだけに貿易をかぎり，貿易船の出入りを幕府の港町である長崎の人工の島，（10　　　　　）に限って認めました。この政策を（11　　　　　）と言います。

❽考えよう？

江戸時代の社会は武士や百姓（ひゃくしょう），町人など様々な身分によって構成されています。人口の80%は百姓で，村で（12　　　　　）という仕組みをつくらせ，重い（13　　　　　）を納めさせました。

❾考えよう？

江戸時代の百姓は厳しい税の中でも（14　　　　　）を改良したり（15　　　　　）を工夫したりして農業技術を進歩させました。また江戸や大阪では多くの（16　　　　　）が色々な職業を生みました。

❿チャレンジ✓

家康をまつる
日光東照宮

17）約260年続いた江戸幕府がどのように基礎を築き上げたのかを幕府の様々な政策からまとめましょう。

ヒント 参勤交代／農具／出島／譜代／外様／朱印船／親藩／武家諸法度／徳川家光／島原・天草／鎖国／五人組／年貢／肥料／町人／日本町

江戸時代がどのような政策で幕府の基礎（きそ）を築いたのかを考えよう

解答 A

❶ 覚えよう！

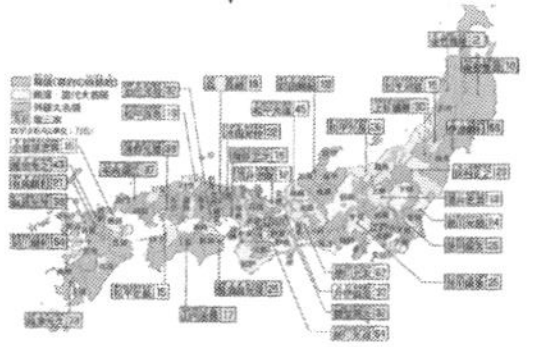

家康と2代将軍秀忠は各大名の国を藩（はん）として分類・配置します。徳川の親戚（しんせき）を（1 **親藩**　　），古くからの徳川家の家臣を（2 **譜代**　　），将軍になる前の徳川と同格の大名を（3 **外様**　　）としました。

❷ 覚えよう！

大阪の陣で豊臣家を滅ぼした家康は諸大名を伏見城（京都）に集め秀忠の名で大名統制のための法令（4 **武家諸法度**　　）を発布し，全国の大名を取り締まりました。

❸ 覚えよう！ 難

家康は秀吉を引き継ぎ，外国人との貿易を盛んにします。東南アジアを拠点（きょてん）にポルトガルやオランダなどと貿易をしました。家康の許可状を持っていたことから（5 **朱印船**　　）貿易と言います。

❹ 考えよう？

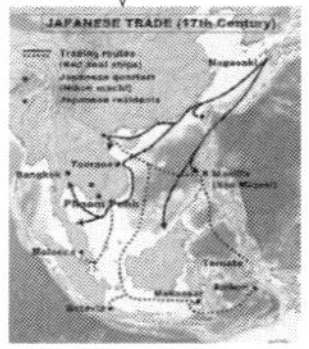

（5 ）貿易の結果，東南アジアの各地で生活する人々も増えます。この日本人の居留地を（6 **日本町**　　）と呼び，タイのアユタヤなどが有名で1,500人の日本人が住んでいたと言われています。

❺ 覚えよう！

「生まれながらの将軍」3代将軍（7 **徳川家光**　　）は（4 ）を改めて（8 **参勤交代**　　）を制度として定めました。これにより大名たちは1年おきに江戸と領地（藩）を行き来しました。

❻ 考えよう？

←天草四郎

踏み絵で使用↑

幕府は宣教師がキリスト教信者を増やすことで神への信仰（しんこう）が，幕府の権威（けんい）を軽視することを恐（おそ）れ，キリスト教を禁止します。そのため島原地方で（9 **島原・天草**　　）一揆（いっき）が起きました。

❼ 考えよう？

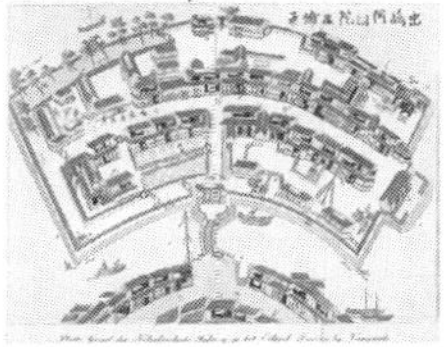

（7 ）は布教をしない中国とオランダだけに貿易をかぎり，貿易船の出入りを幕府の港町である長崎の人工の島，（10 **出島**　　）に限って認めました。この政策を（11 **鎖国**　　）と言います。

❽ 考えよう？

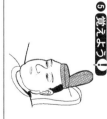

江戸時代の社会は武士や百姓（ひゃくしょう），町人など様々な身分によって構成されています。人口の80%は百姓で，村で（12 **五人組**　　）という仕組みをつくらせ，重い（13 **年貢**　　）を納めさせました。

❾ 考えよう？

江戸時代の百姓は厳しい税の中でも（14 **農具**　　）を改良したり（15 **肥料**　　）を工夫したりして農業技術を進歩させました。また江戸や大阪では多くの（16 **町人**　　）が色々な職業を生みました。

❿ チャレンジ✓

家康をまつる日光東照宮

17）約260年続いた江戸幕府がどのように基礎を築き上げたのかを幕府の様々な政策からまとめましょう。

幕府は，大名配置，参勤交代に大名を統制，財政も圧迫し，百姓には年貢を納めさせることを徹底，鎖国により貿易を独占して強大な支配力をつくった。

知っ得！ オランダ人を住まわせたのは出島ですが，中国人は出島の対岸にある塀と堀で囲まれた「唐人屋敷」に住まわせていました。

江戸時代まるわかりワーク②

江戸の文化の様子を調べ，町人文化が栄えたことや新しい学問が起こったことを理解しよう

名前

❶ 覚えよう！

政治の中心である（1　　　）は「将軍の（2　　　）」と呼ばれ，人口が100万人を超える大都市となりました。当時，ヨーロッパ最大のロンドン86万人を上回る世界最大級の都市でした。

❷ 覚えよう！

全国の産物が集まり，取引される（3　　　）は経済の中心で「天下の（4　　　）」と呼ばれるようになりました。各藩の（5　　　）が立ち並び，年貢米（ねんぐまい）や特産物を保管しました。

❸ 覚えよう！

（1 ）や（3 ）では町人たちが中心となって新しい文化を生み出しました。（6　　　）や人形浄瑠璃（にんぎょうじょうるり）と呼ばれる演劇が広まり，芝居（しばい）小屋は見物客でにぎわいました。

❹ 考えよう？ 難

（1 ）の町には絵草紙屋と呼ばれる現在の書店が並び，多色刷り版画で人々の様子を描いた（7　　　）や挿絵（さしえ）入りの本，地図などが売られていました。江戸は識字率が高かったようです。

❺ 覚えよう！

（6 ）や人形浄瑠璃の芝居の脚本（きゃくほん）を約150編も残した（8　　　）は，歴史上の物語や，事件，町人の姿や義理人情を描きました。「曽根崎心中」が有名です。

❻ 覚えよう！

江戸の下級武士の家に生まれた（9　　　）は絵の勉強をして人気の浮世絵師になりました。東海道の名所風景を描いた（10　　　）は旅が流行だった町人や百姓に人気でした。

❼ 覚えよう！

（9 ）に影響を与え，浮世絵の世界に風景画というジャンルを切り拓いたのが（11　　　）です。
彼が描いた（12　　　）は（10 ）とともに世界に影響を与えました。

❽ 覚えよう！

閑さや岩にしみ入る蝉の声（立石寺）

俳人（13　　　）は自然をたくみによみこんだ味わい深い俳句を数多くつくりました。東北・北陸を巡った旅行記（14　　　）は多くの人に読まれました。

❾ 考えよう？

江戸時代には全国各地を結ぶ様々な道や航路が整備されました。江戸と主要な都市を結ぶ（15　　　）や大阪と全国を結ぶ西廻（まわ）り，東廻りの航路が発達しました。

❿ チャレンジ✓

16）江戸時代は庶民が伊勢神宮に参拝する旅が広まります。このことからわかることを書きましょう。

ヒント　歌舞伎／おひざもと／大阪／江戸／蔵屋敷／浮世絵／近松門左衛門／歌川広重／葛飾北斎／富嶽三十六景／松尾芭蕉／奥の細道／五街道／台所／東海道五十三次

江戸時代まるわかりワーク②

江戸の文化の様子を調べ，町人文化が栄えたことや新しい学問が起こったことを理解しよう

解答 A

❶ 覚えよう！

政治の中心である（1 **江戸**　）は「将軍の（2 **おひざもと**　）と呼ばれ，人口が100万人を超える大都市となりました。当時，ヨーロッパ最大のロンドン86万人を上回る世界最大級の都市でした。

❷ 覚えよう！

全国の産物が集まり，取引される（3 **大阪**　）は経済の中心で「天下の（4 **台所**　）」と呼ばれるようになりました。各藩の（5 **蔵屋敷**　　）が立ち並び，年貢米や特産物を保管しました。

❸ 覚えよう！

（1 ）や（3 ）では町人たちが中心となって新しい文化を生み出しました。（6 **歌舞伎**　）や人形浄瑠璃と呼ばれる演劇が広まり，芝居小屋は見物客でにぎわいました。

❹ 考えよう？ 難

（1 ）の町には絵草紙屋と呼ばれる現在の書店が並び，多色刷り版画で人々の様子を描いた（7 **浮世絵**　　）や挿絵入りの本，地図などが売られていました。江戸は識字率が高かったようです。

❺ 覚えよう！

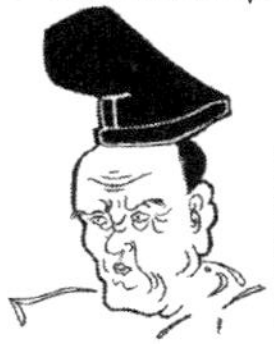

（6 ）や人形浄瑠璃の芝居の脚本を約150編も残した（8 **近松門左衛門**　　）は，歴史上の物語や，事件，町人の姿や義理人情を描きました。「曽根崎心中」が有名です。

❻ 覚えよう！

江戸の下級武士の家に生まれた（9 **歌川広重**）は絵の勉強をして人気の浮世絵師になりました。東海道の名所風景を描いた（10 **東海道五十三次**）は旅が流行だった町人や百姓に人気でした。

❼ 覚えよう！

（9 ）に影響を与え，浮世絵の世界に風景画というジャンルを切り拓いたのが（11 **葛飾北斎**　　）です。
彼が描いた（12 **富嶽三十六景**　　）は（10 ）とともに世界に影響を与えました。

❽ 覚えよう！

閑さや岩にしみ入る蝉の声（立石寺）

俳人（13 **松尾芭蕉**　　）は自然をたくみによみこんだ味わい深い俳句を数多くつくりました。東北・北陸を巡った旅行記（14 **奥の細道**　　）は多くの人に読まれました。

❾ 考えよう？

江戸時代には全国各地を結ぶ様々な道や航路が整備されました。江戸と主要な都市を結ぶ（15 **五街道**　）や大阪と全国を結ぶ西廻り，東廻りの航路が発達しました。

❿ チャレンジ✓

16）江戸時代は庶民が伊勢神宮に参拝する旅が広まります。このことからわかることを書きましょう。

江戸時代は戦乱がなくなり平和になったことで，都市では町人の文化が発達し，農村も工夫を重ね裕福な百姓も生まれたことがわかります。

知っ得！ 江戸時代，中期になると庶民の楽しみは「旅行」でした。特に「お伊勢参り」はブームとなり，往復1ヶ月の道のりを多くの人が旅に出たようです。

江戸時代まるわかりワーク③

新しい学問が幕府にどのような影響を与えたのか考えよう

名前

❶ 覚えよう！

鎖国下でオランダの書物で研究する学問を（1　　　　　）と呼び（2　　　　　）はオランダ語の医学書を前野良沢と翻訳し（3　　　　　）を出版しました。

❷ 覚えよう！

（4　　　　　）は「日本人とは何か」ということを考え「古事記」や古典を研究し（5　　　　　）を完成させました。このような学問を（6　　　　）と言い，当時の社会に影響を与えました。

❸ 覚えよう！

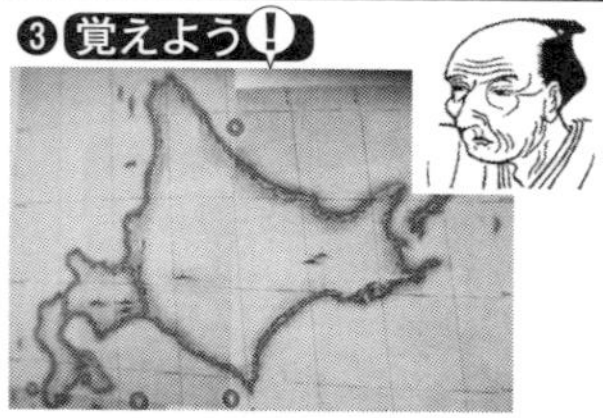

天文学や測量術を学んだ（7　　　　　）は自費で東北や北海道を測量し地図をつくりました。その後，幕府の事業として全国を測量し17年かけて日本地図を作成します。

❹ 覚えよう！

全国に16,560軒あり，識字率が高い国でした。

武士や僧，医者などが町人や百姓の子どもたちを教える（8　　　　　）が各地につくられました。そこで読み書きやそろばんなど生活に必要な知識を教えました。

❺ 覚えよう！

日新館（福島県会津若松市）

全国各地の藩は武士の子どもたちの教育に力を入れるために（9　　　　）と呼ばれる学校をつくりました。優秀な人物を育て，藩の力を強くしようとしました。全国に270校ほどありました。

❻ 覚えよう！

適塾（大阪市，緒方洪庵）

（1 ）や（6 ）などの新しい知識を広めるために学者が開設した民間学校（塾）を（10　　　　）と言います。シーボルトの鳴滝塾や福沢諭吉の慶應義塾，吉田松陰の松下村塾などが有名です。

❼ 考えよう？

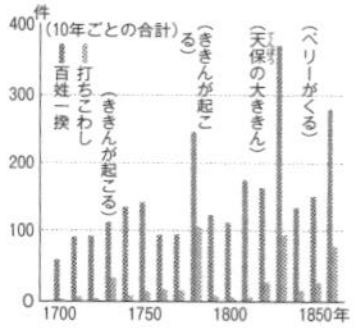

江戸後半になるとききんが何度か起こり物価も上がったため各地で民衆による一揆が起こりました。農村で起きた一揆を（11　　　　　），都市で起きた一揆を（12　　　　）と言います。

❽ 覚えよう！ 難

岡山藩では財政難から人々に節約する命令が出ました。特に百姓や町人とは別に身分上差別された人々への差別を強めましたが彼らは立ち上がり（13　　　　　）を起こしました。

❾ 考えよう？

天保の大ききんのとき元大阪役人（14　　　　　）は人々を救おうとしない役人たちを批判し大阪で反乱を起こします。商人から米を人々に分け与えようとしますが失敗に終わりました。

❿ チャレンジ✓

15）（14 ）が起こした反乱は百姓一揆などとは違って社会にどのような影響を与えたでしょうか。

ヒント 蘭学／打ちこわし／寺子屋／杉田玄白／古事記伝／国学／藩校／私塾／本居宣長／渋染一揆／大塩平八郎／伊能忠敬／解体新書／百姓一揆

新しい学問が幕府にどのような影響(えいきょう)を与(あた)えたのか考えよう

解答A

❶ 覚えよう！

鎖国(さこく)下でオランダの書物で研究する学問を（1 **蘭学**　）と呼び（2 **杉田玄白**　）はオランダ語の医学書を前野良沢と翻訳(ほんやく)し（3 **解体新書**　）を出版しました。

❷ 覚えよう！

（4 **本居宣長**　）は「日本人とは何か」ということを考え「古事記」や古典を研究し（5 **古事記伝**　）を完成させました。このような学問を（6 **国学**　）と言い，当時の社会に影響を与えました。

❸ 覚えよう！

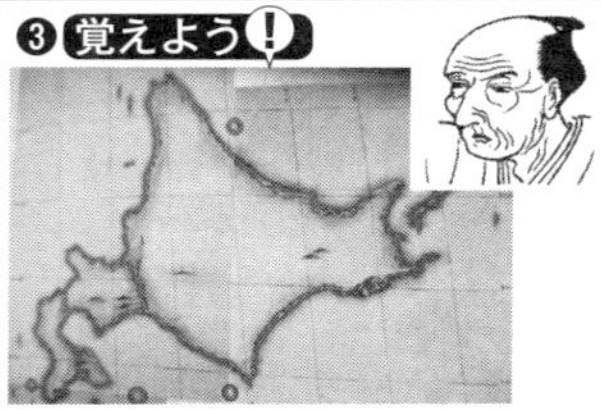

天文学や測量術を学んだ（7 **伊能忠敬**　）は自費で東北や北海道を測量し地図をつくりました。その後，幕府の事業として全国を測量し17年かけて日本地図を作成します。

❹ 覚えよう！

全国に16,560軒あり，識字率が高い国でした。

武士や僧，医者などが町人や百姓の子どもたちを教える（8 **寺子屋**　）が各地につくられました。そこで読み書きやそろばんなど生活に必要な知識を教えました。

❺ 覚えよう！

日新館（福島県会津若松市）

全国各地の藩は武士の子どもたちの教育に力を入れるために（9 **藩校**　）と呼ばれる学校をつくりました。優秀な人物を育て，藩の力を強くしようとしました。全国に270校ほどありました。

❻ 覚えよう！

適塾（大阪市，緒方洪庵）

（1 ）や（6 ）などの新しい知識を広めるために学者が開設した民間学校（塾）を（10 **私塾**　）と言います。シーボルトの鳴滝塾や福沢諭吉の慶應義塾，吉田松陰の松下村塾などが有名です。

❼ 考えよう？

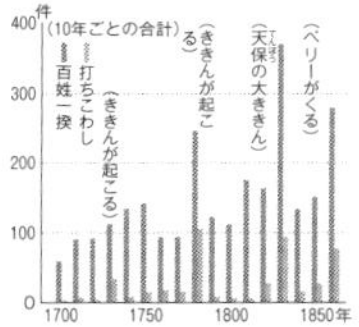

江戸後半になるとききんが何度か起こり物価も上がったため各地で民衆による一揆が起こりました。農村で起きた一揆を（11 **百姓一揆**　），都市で起きた一揆を（12 **打ちこわし**　）と言います。

❽ 覚えよう！ 難

岡山藩では財政難から人々に節約する命令が出ました。特に百姓や町人とは別に身分上差別された人々への差別を強めましたが彼らは立ち上がり（13 **渋染一揆**　）を起こしました。

❾ 考えよう？

天保の大ききんのとき元大阪役人（14 **大塩平八郎**　）は人々を救おうとしない役人たちを批判し大阪で反乱を起こします。商人から米を人々に分け与えようとしますが失敗に終わりました。

❿ チャレンジ✓

15）（14 ）が起こした反乱は百姓一揆などとは違って社会にどのような影響を与えたでしょうか。

元役人であった武士が，しかも大阪で反乱を起こしたことは社会に大きな影響を与え，全国各地で政治に対する不満や反乱が広がることになった。

知っ得！ 伊能図214枚はその後，明治に起きた皇居炎上や関東大震災で正本も写しも焼失しましたが，2001年にアメリカ議会図書館で207枚が発見されました。

明治時代まるわかりワーク①

江戸幕府が開国を機にどのように変化し，明治維新（めいじいしん）が起きたのかを考えよう

名前

❶ 覚えよう！

1853年夏，（1　　　　　）沖に4せきの軍艦（ぐんかん）がやってきました。アメリカ合衆国の使節（2　　　　　）は日本の開国を求めるアメリカ大統領フィルモアの手紙を持ってやってきました。

❷ 覚えよう！

1854年（2 ）は再び軍艦を率いて開国を要求してきました。強い態度と軍艦や大砲（たいほう）の大きさに驚（おどろ）いた幕府は（3　　　　　）を結び，下田（静岡県）と函館（北海道）を開港します。

❸ 覚えよう！

1858年には（3 ）によって1856年に下田に赴任した総領事（4　　　　　）と幕府の間で（5　　　　　）条約が結ばれました。以後外国との貿易が始まり，物価が急に上昇しました。

❹ 考えよう？

（5 ）条約によって横浜，神戸，函館，長崎，新潟が開港されます。またこの条約は（6　　　　　）を認める，（7　　　　　）がないといった不平等なもので，英，仏，蘭，露とも結びました。

❺ 考えよう？ 難

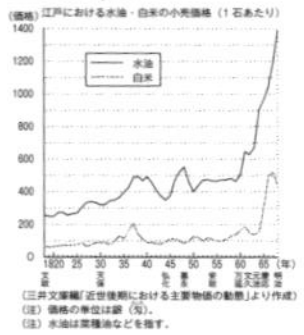

開国して外国との（8　　　　　）が始まると米や油などの生活必需品（ひつじゅひん）が値上がりしました。人々の不満が高まり（9　　　　　）藩（はん）や（10　　　　　）藩が（8 ）に反対し，外国と戦いました。

❻ 覚えよう！

（10 ）藩が1862年に島津家の行列を乱したイギリス人を殺傷した生麦事件をきっかけに翌年イギリスが報復のために（10 ）を砲撃（ほうげき）しました。ここから始まる戦争を，（11　　　　　）戦争と言います。

❼ 覚えよう！

（9 ）藩は1863年関門海峡（かいきょう）を通る外国船を砲撃しはじめました。しかし翌年イギリス，アメリカ，フランス，オランダが（12　　　　　）の砲台を占領しました。これを（12 ）戦争と言います。

❽ 覚えよう！

土佐藩出身の（13　　　　　）は，勝海舟をしたい，長崎に海運・貿易を行う亀山社中という会社をつくります。また（9 ）と（10 ）を結びつける（14　　　　　）成立（1866年）に尽力しました。

❾ 考えよう？

1867年，徳川15代将軍（15　　　　　）は政権を朝廷に返す（16　　　　　）を行いました。これにより260年余り続いた徳川による江戸幕府の政治は終わりを告げました。

❿ チャレンジ✓

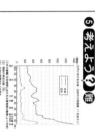

17）幕府の役人だった勝海舟は新政府軍の西郷と話し合い，江戸城を無条件で開城します。どんな思いがあったのでしょうか？

ヒント　薩長同盟／治外法権／ペリー／日米和親条約／日米修好通商／貿易／薩摩／下関／坂本龍馬／浦賀／徳川慶喜／大政奉還／ハリス／関税自主権／長州／薩英

江戸幕府が開国を機にどのように変化し，明治維新（めいじいしん）が起きたのかを考えよう

解答A

❶覚えよう！

1853年夏，（1 浦賀　　　）沖に4せきの軍艦（ぐんかん）がやってきました。アメリカ合衆国の使節（2 ペリー　　　）は日本の開国を求めるアメリカ大統領フィルモアの手紙を持ってやってきました。

❷覚えよう！

1854年（2 ）は再び軍艦を率いて開国を要求してきました。強い態度と軍艦や大砲（たいほう）の大きさに驚（おどろ）いた幕府は（3 日米和親条約　　　）を結び，下田（静岡県）と函館（北海道）を開港します。

❸覚えよう！

1858年には（3 ）によって1856年に下田に赴任した総領事（4 ハリス　　　）と幕府の間で（5 日米修好通商　　　）条約が結ばれました。以後外国との貿易が始まり，物価が急に上昇しました。

❹考えよう？

（5 ）条約によって横浜，神戸，函館，長崎，新潟が開港されます。またこの条約は（6 治外法権 ）を認める，（7 関税自主権 ）がないといった不平等なもので，英，仏，蘭，露とも結びました。

❺考えよう？ 難

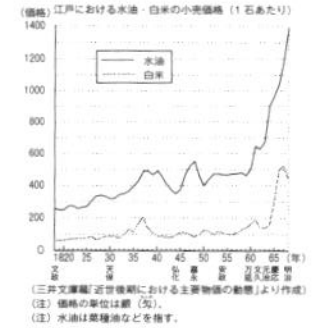

開国して外国との（8 貿易　　　）が始まると米や油などの生活必需品（ひつじゅひん）が値上がりしました。人々の不満が高まり（9 長州　　　）藩（はん）や（10 薩摩　　　）藩が（8 ）に反対し，外国と戦いました。

❻覚えよう！

（10 ）藩が1862年に島津家の行列を乱したイギリス人を殺傷した生麦事件をきっかけに翌年イギリスが報復のために（10 ）を砲撃（ほうげき）しました。ここから始まる戦争を，（11 薩英　　）戦争と言います。

❼覚えよう！

（9 ）藩は1863年関門海峡（かいきょう）を通る外国船を砲撃しはじめました。しかし翌年イギリス，アメリカ，フランス，オランダが（12 下関　　　）の砲台を占領しました。これを（12 ）戦争と言います。

❽覚えよう！

土佐藩出身の（13 坂本龍馬 ）は，勝海舟をしたい，長崎に海運・貿易を行う亀山社中という会社をつくります。また（9 ）と（10 ）を結びつける（14 薩長同盟　　　）成立（1866年）に尽力しました。

❾考えよう？

1867年，徳川15代将軍（15 徳川慶喜　　　）は政権を朝廷に返す（16 大政奉還　　）を行いました。これにより260年余り続いた徳川による江戸幕府の政治は終わりを告げました。

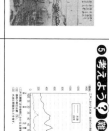

❿チャレンジ✓

17）幕府の役人だった勝海舟は新政府軍の西郷と話し合い，江戸城を無条件で開城します。どんな思いがあったのでしょうか？

新政府軍と旧幕府軍の戦いによって，江戸の町が火の海になることを避けたいとともに，新しい国をつくっていくためには国内の戦争を終わらせたいと考えていた。

知っ得！ 慶喜は戊辰戦争後は，政治から離れ静岡（駿府）に隠居し，写真や狩猟などに没頭しました。しかし，明治35年には貴族院の一員となり，政治に携わりました。

明治維新を機に日本はどのように変わっていったのかを考えよう

名前

❶ 覚えよう！

江戸城無血開城後も旧幕府軍と新政府軍の内乱（戊辰戦争）は続き，土方歳三，榎本武揚ら旧幕府軍は東北，北海道へと敗走します。その最期の地が函館の（1　　　　　）でした。

❷ 覚えよう！

旧幕府軍に勝利した新政府は1868年，長州出身の（2　　　　　）が（3　　　　　）を天皇の名で発表しました。また新政府は江戸を（4　　　　　），元号を（5　　　　　）と定めました。

❸ 覚えよう！

1871年，新政府の薩摩出身の（6　　　　　）らを中心にこれまでの藩を廃止して県を置く（7　　　　　）を行い，各県に役人を送り込みました。はじめは3府302県もありました。

❹ 覚えよう！

新政府は欧米に追いつくために工業を盛んにし，強い軍隊を持つこと「(8　　　　　)」に力を入れ，1871年から欧米に2年間（9　　　　　）らは政治や工業を学びに行きました。

❺ 考えよう？

政府はこれまでの身分制度をやめ（10　　　　　）としました。大名は華族，武士は（11　　　　　），百姓や町人は平民，天皇家は皇族と呼びました。特権を失った武士は生活に苦労しました。

❻ 考えよう？

近代的工業を盛んにする殖産興業のために外国から機械を買い，技師を招き製糸，兵器などをつくる工場が（12　　　　　）でした。代表的なものが群馬にある世界遺産（13　　　　　）です。

❼ 考えよう？

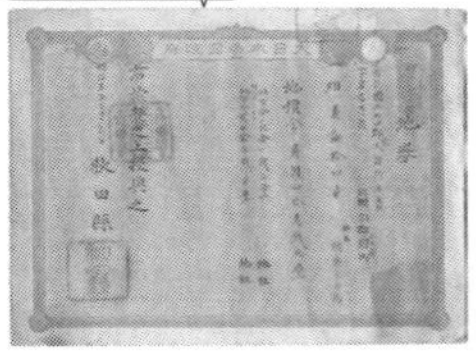

国の収入を安定させるために新政府は土地に地価を設定し，その（14　　　　　）%を税として，米などの物納ではなく，(15　　　　　）納付にしました。これにより庶民の負担は大きくなりました。

❽ 考えよう？

新政府の（16　　　　　）は武士の代わりに20才以上の男子全てに兵役の義務を課す（17　　　　　）を定めましたが，その後新政府に反発し，九州で（18　　　　　）を起こし，政府軍に敗れました。

❾ 考えよう？ 難

（9 ）を中心とした使節団に同行した（19　　　　　）は6才のときにアメリカに渡り11年間留学生活を送りました。帰国後は学校をつくるなど女子の教育や地位の向上につくしました。

❿ チャレンジ✓

20）明治政府がブリューナ（技術者）やクラーク（教育者）など多くのお雇い外国人を3,000人近くを高額で招いたのはどうしてでしょう。

ヒント 徴兵令／明治／岩倉具視／四民平等／木戸孝允／士族／富岡製糸場／3／現金／富国強兵／西郷隆盛／西南戦争／津田梅子／五稜郭／東京／大久保利通／官営工場／廃藩置県／五箇条の御誓文

明治維新を機に日本はどのように変わっていったのかを考えよう

解答 A

❶ 覚えよう！

江戸城無血開城後も旧幕府軍と新政府軍の内乱（戊辰戦争）は続き，土方歳三，榎本武揚ら旧幕府軍は東北，北海道へと敗走します。その最期の地が函館の（1 **五稜郭**　　）でした。

❷ 覚えよう！

旧幕府軍に勝利した新政府は1868年，長州出身の（2 **木戸孝允**　）が（3 **五箇条の御誓文**　）を天皇の名で発表しました。また新政府は江戸を（4 **東京**　），元号を（5 **明治**　　）と定めました。

❸ 覚えよう！

1871年，新政府の薩摩出身の（6 **大久保利通**　）らを中心にこれまでの藩を廃止して県を置く（7 **廃藩置県**　）を行い，各県に役人を送り込みました。はじめは3府302県もありました。

❹ 覚えよう！

新政府は欧米に追いつくために工業を盛んにし，強い軍隊を持つこと「（8 **富国強兵**　）」に力を入れ，1871年から欧米に2年間（9 **岩倉具視**　）らは政治や工業を学びに行きました。

❺ 考えよう？

政府はこれまでの身分制度をやめ（10 **四民平等**　　）としました。大名は華族，武士は（11 **士族**　　），百姓や町人は平民，天皇家は皇族と呼びました。特権を失った武士は生活に苦労しました。

❻ 考えよう？

近代的工業を盛んにする殖産興業のために外国から機械を買い，技師を招き製糸，兵器などをつくる工場が（12 **官営工場**　　）でした。代表的なものが群馬にある世界遺産（13 **富岡製糸場**　　）です。

❼ 考えよう？

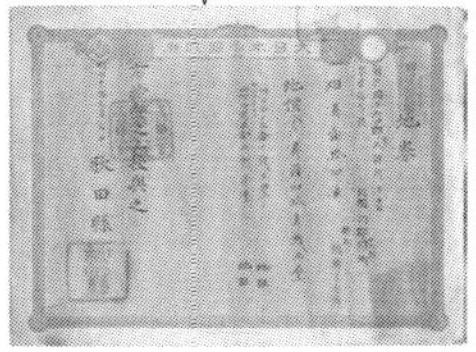

国の収入を安定させるために新政府は土地に地価を設定し，その（14 **3**　　　）％を税として，米などの物納ではなく，（15 **現金**　　　）納付にしました。これにより庶民の負担は大きくなりました。

❽ 考えよう？

新政府の（16 **西郷隆盛**　　）は武士の代わりに20才以上の男子全てに兵役の義務を課す（17 **徴兵令**　）を定めましたが，その後新政府に反発し，九州で（18 **西南戦争**　）を起こし，政府軍に敗れました。

❾ 考えよう？ 難

（9 ）を中心とした使節団に同行した（19 **津田梅子**　　）は6才のときにアメリカに渡り11年間留学生活を送りました。帰国後は学校をつくるなど女子の教育や地位の向上につくしました。

❿ チャレンジ✓

20）明治政府がブリューナ（技術者）やクラーク（教育者）など多くのお雇い外国人を3,000人近くを高額で招いたのはどうしてでしょう。

西洋に追いつくためには多くの進んだ知識や技術を取り入れることが必要であり指導者が必要だったから。

知っ得！ 維新三傑と言われた木戸孝允は1877年5月に病死，西郷は同年西南戦争で9月に戦死，大久保は翌年（1878年）5月に東京で暗殺されました。

文明開化を手がかりに日本がどのように近代化を進めていったのかを考えよう

名前

❶覚えよう！

明治になると東京・横浜・大阪などを中心にガス灯や銀座の煉瓦街，洋服やパン食，公衆電報，郵便ポストなど（1　　　　）風のくらしが広がりました。これを（2　　　　）と呼びます。

❷覚えよう！

1872年日本初の蒸気機関鉄道が東京新橋と（3　　　　）の間で開通しました。それまで半日かかっていましたが53分で走ることができました。その後，大阪―神戸，小樽―札幌と開通しました。

❸覚えよう！

1872年にフランスの制度にならって公布された学制によって全国に（4　　　　）が建てられました。学制によって6才以上の男女が（5　）年間（4）に通うことになりました。

❹覚えよう！

明治の思想家（6　　　　）は（7　　　　）を書き，「人は生まれながらに平等であること」や新しい時代にふさわしい学問が必要なことを訴えました。340万部も売れました。

❺覚えよう！

（2）の時代になるとこれまでの（8　　　　）の文化が軽く見られ仏像などの美術品が海外へ流出します。そのため（9　　　　）は古い神社やお寺を調査し日本美術を守りました。

❻考えよう？

新政府は（10　　　　）を北海道と改め，開拓（かいたく）に力を入れました。仕事を失った武士や農民を（11　　　　）として送り北方の警備や原野開拓（かいたく）を行わせました。

❼考えよう？

古くから北海道に住んでいた（12　　　　）の人々は政府の方針で平民とされ土地や漁場などを奪（うば）われました。民族の文化や習慣も禁止され，日本式の名前を強いられました。

❽考えよう？

2018年時点

新政府は中国とのつながりのあった（13　　　　）は日本の領土だと主張して，（14　　　　）藩を置き，1879年には（15　　　　）県として軍隊と警察の力で日本に統合しました。

❾考えよう？難

徳川慶喜（とくがわよしのぶ）の家臣であった（16　　　　）は新政府のもとで近代産業を盛んにするため日本初の（17　　　　）や500余りの会社の設立に携（たずさ）わり経済の発展に力を入れました。

❿チャレンジ✓

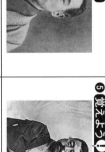

18）明治政府が学校制度をつくり全国にたくさんの小学校をつくったのはなぜでしょうか。

ヒント　渋沢栄一／岡倉天心／沖縄／琉球／小学校／4／西洋／学問のすゝめ／蝦夷地／屯田兵／横浜／アイヌ／文明開化／銀行／琉球王国／日本／福沢諭吉

明治時代まるわかりワーク③

文明開化を手がかりに日本がどのように近代化を進めていったのかを考えよう

解答 A

❶覚えよう！

明治になると東京・横浜・大阪などを中心にガス灯や銀座の煉瓦街，洋服やパン食，公衆電報，郵便ポストなど（1 **西洋** ）風のくらしが広がりました。これを（2 **文明開化** ）と呼びます。

❷覚えよう！

1872年日本初の蒸気機関鉄道が東京新橋と（3 **横浜** ）の間で開通しました。それまで半日かかっていましたが53分で走ることができました。その後，大阪―神戸，小樽―札幌と開通しました。

❸覚えよう！

1872年にフランスの制度にならって公布された学制によって全国に（4 **小学校** ）が建てられました。学制によって6才以上の男女が（5 **4** ）年間（4 ）に通うことになりました。

❹覚えよう！

明治の思想家（6 **福沢諭吉** ）は（7 **学問のすゝめ** ）を書き，「人は生まれながらに平等であること」や新しい時代にふさわしい学問が必要なことを訴えました。340万部も売れました。

❺覚えよう！

（2 ）の時代になるとこれまでの（8 **日本** ）の文化が軽く見られ仏像などの美術品が海外へ流出します。そのため（9 **岡倉天心** ）は古い神社やお寺を調査し日本美術を守りました。

❻考えよう？

新政府は（10 **蝦夷地** ）を北海道と改め，開拓に力を入れました。仕事を失った武士や農民を（11 **屯田兵** ）として送り北方の警備や原野開拓を行わせました。

❼考えよう？

古くから北海道に住んでいた（12 **アイヌ** ）の人々は政府の方針で平民とされ土地や漁場などを奪われました。民族の文化や習慣も禁止され，日本式の名前を強いられました。

❽考えよう？

新政府は中国とのつながりのあった（13 **琉球王国** ）は日本の領土だと主張して，（14 **琉球** ）藩を置き，1879年には（15 **沖縄** ）県として軍隊と警察の力で日本に統合しました。

❾考えよう？ 難

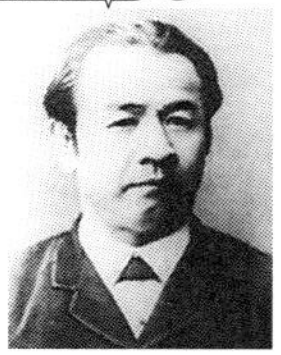

徳川慶喜の家臣であった（16 **渋沢栄一** ）は新政府のもとで近代産業を盛んにするため日本初の（17 **銀行** ）や500余りの会社の設立に携わり経済の発展に力を入れました。

❿チャレンジ✓

18）明治政府が学校制度をつくり全国にたくさんの小学校をつくったのはなぜでしょうか。

政府は学問はこれからの世の中で生きていくために必要なものと考え，新しい時代をになう人材を育てるために小学校をつくった。

知っ得！ 2019年アイヌ民族を法律で初めて「先住民族」と明記した「アイヌの人々の誇りが尊重される社会を実現するための施策の推進に関する法律」が成立しました。

明治時代まるわかりワーク④

国会開設に向けての政党の立ち上げや憲法の制定などにおける人物の働きを理解しよう

名前

❶覚えよう！

1874年土佐藩（高知）出身の（1　　　　　）は民選議院による国会を開くように政府に主張しました。その後，国会開設が決まると1881年に（2　　　　　）を結成しました。

❷覚えよう！

政府内で君主制が強いドイツの憲法かイギリス型の議院内閣制にするかの議論に敗れた，後者の佐賀藩出身の（3　　　　　）は1882年に（4　　　　　）を結成しました。

❸考えよう？難

東京都五日市町（現あきるの市）で発見された民間作成の憲法を（5　　　　　）と呼んでいます。全204条のうち150条を基本的人権についてふれていて現憲法に近い内容も見られます。

❹覚えよう！

皇帝の権力が強いドイツの憲法を学んだ明治の思想家，長州藩の（6　　　　　）は政治を行なう行政を担当する（7　　　　　）制度を1885年につくり，自らが（7）総理大臣となりました。

❺覚えよう！

1889年2月11日に天皇が国民に与えるという形で（8　　　　　）が発布されました。この憲法では主権は天皇にあり軍隊や大臣も天皇が統率し，条約締結（ていけつ）も天皇の権限でした。

❻考えよう？

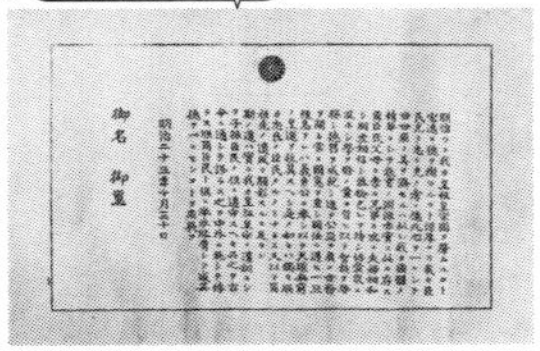

憲法発布の翌年，政府は天皇の名の下で教育の基本方針を示す（9　　　　　）を発表しました。全国の学校に配布され（10　　　　　）中心の国づくりを支える教育の進め方が示されました。

❼考えよう？

1890年憲法に基づき選挙が行われ一定の（11　　　　　）を納めた25才以上の男子に選挙権が与えられました（当時の国民の1.1%）。国会は（12　　　　　）と衆議院からなりました。

❽考えよう？

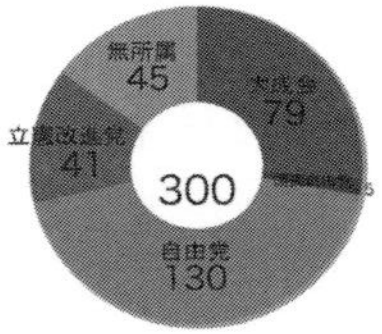

第1回国会議員選挙は衆議院のみ行われました。衆議院は一定の金額以上の（11）を納めた人から選ばれ，板垣の（2）が第一党となります。（12）は皇族や（13　　　　　）から選ばれます。

❾考えよう？

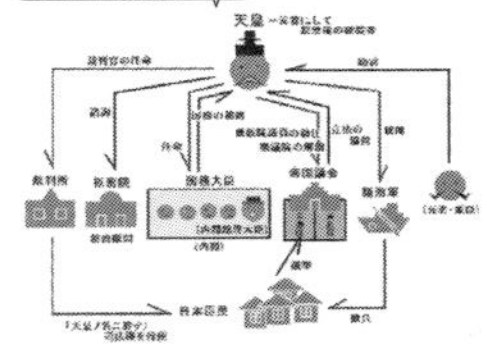

（8）の主権は天皇にあります。（14　　　　　）は政府を組織する権限はなく外国と（15　　　　　）を結んだり戦争を始めるのも天皇の権限でした。また（16　　　　　）は独立していました。

❿チャレンジ✓

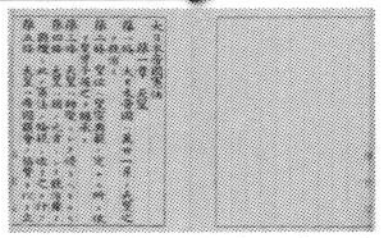

17）アジアで最初の立憲国家になった，日本の大日本帝国憲法は，現在の憲法とどのようなところが違うのでしょうか？

ヒント　華族／貴族院／自由党／条約／大隈重信／教育勅語／五日市憲法／板垣退助／内閣／立憲改進党／税金／議会／軍部／大日本帝国憲法／伊藤博文／天皇

国会開設に向けての政党の立ち上げや憲法の制定などにおける人物の働きを理解しよう

解答A

❶ 覚えよう！

1874年土佐藩（高知）出身の（1 **板垣退助**　　）は民選議院による国会を開くように政府に主張しました。その後，国会開設が決まると1881年に（2 **自由党**　　）を結成しました。

❷ 覚えよう！

政府内で君主制が強いドイツの憲法かイギリス型の議院内閣制にするかの議論に敗れた，後者の佐賀藩出身の（3 **大隈重信**　　）は1882年に（4 **立憲改進党**　　）を結成しました。

❸ 考えよう？ 難

東京都五日市町（現あきるの市）で発見された民間作成の憲法を（5 **五日市憲法**　　）と呼んでいます。全204条のうち150条を基本的人権についてふれていて現憲法に近い内容も見られます。

❹ 覚えよう！

皇帝の権力が強いドイツの憲法を学んだ明治の思想家，長州藩の（6 **伊藤博文**　　）は政治を行なう行政を担当する（7 **内閣**　　）制度を1885年につくり，自らが（7 ）総理大臣となりました。

❺ 覚えよう！

1889年2月11日に天皇が国民に与えるという形で（8 **大日本帝国憲法**　　）が発布されました。この憲法では主権は天皇にあり軍隊や大臣も天皇が統率し，条約締結（ていけつ）も天皇の権限でした。

❻ 考えよう？

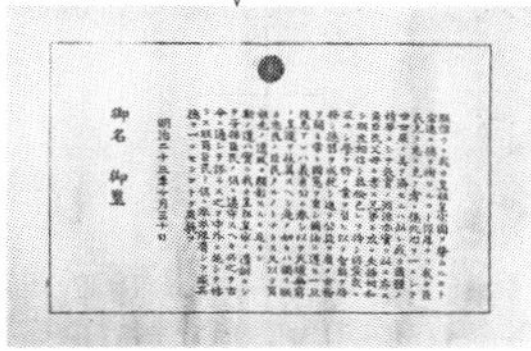

憲法発布の翌年，政府は天皇の名の下で教育の基本方針を示す（9 **教育勅語**　）を発表しました。全国の学校に配布され（10 **天皇**　　）中心の国づくりを支える教育の進め方が示されました。

❼ 考えよう？

1890年憲法に基づき選挙が行われ一定の（11 **税金**　　）を納めた25才以上の男子に選挙権が与えられました（当時の国民の1.1%）。
国会は（12 **貴族院**　　）と衆議院からなりました。

❽ 考えよう？

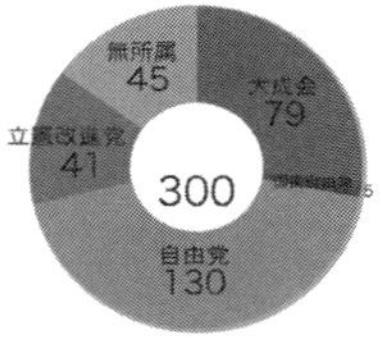

第1回国会議員選挙は衆議院のみ行われました。衆議院は一定の金額以上の（11 ）を納めた人から選ばれ，板垣の（2 ）が第一党となります。（12 ）は皇族や（13 **華族**　）から選ばれます。

❾ 考えよう？

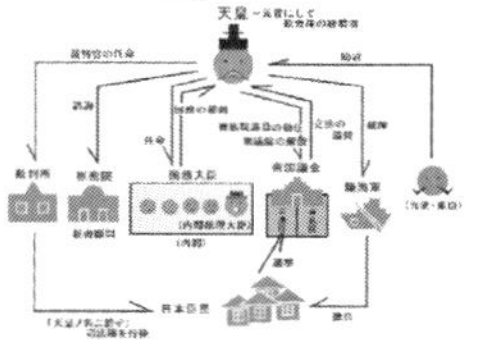

（8 ）の主権は天皇にあります。（14 **議会**　　）は政府を組織する権限はなく外国と（15 **条約**　　）を結んだり戦争を始めるのも天皇の権限でした。また（16 **軍部**　）は独立していました。

❿ チャレンジ✓

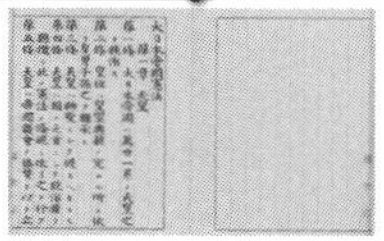

17）アジアで最初の立憲国家になった，日本の大日本帝国憲法は，現在の憲法とどのようなところが違うのでしょうか？

大日本帝国憲法は現在の憲法と違い，天皇が最高権限を持っており，軍隊を持っているところが大きく違う。

知っ得！ 板垣退助は1882年に，演説中に刺客に短刀で襲われます。その時に「板垣死すとも自由は死せず」と叫んだと言われていますが，助かり，1919年まで生きました。

明治時代まるわかりワーク⑤

2つの戦争を通して日本はどのように国際的な地位を向上させていったのか考えよう

名前

❶ 覚えよう！

19世紀末，日本は清と（1　　　）支配をめぐって対立しました。1894年に（1 ）で起きた農民の反乱から始まる内乱をきっかけに日本は清と戦争になり（2　　　　　）戦争が起こります。

❷ 覚えよう！

（2 ）戦争は日本が勝利をおさめました。戦後，日本は多額の（3　　　　）を受け取り，また（4　　　　）などを領土としましたが，遼東半島（りゃおとんはんとう）返却を求めたロシアと対立するようになりました。

❸ 考えよう？

1902年，ロシアの南下を警戒（けいかい）する（5　　　　　）が，同じくロシアの満州や朝鮮への進出を警戒する日本と同盟を結びました。これを（6　　　　　）と呼びます。

❹ 覚えよう！

1904年に日本とロシアとの間で（7　　　）戦争が起こりました。日本海の戦いでは連合艦隊司令長官の（8　　　　）がロシア艦隊を破るなどし，日本はロシアに勝利しました。

❺ 考えよう？

あゝをとうとよ
君を泣く
君死にたまふことなかれ

（7 ）戦争は（2 ）戦争の4倍以上の人々が動員され，8倍もの戦死者数や戦費となりました（諸説あり）。歌人の，（9　　　　　）は戦場の弟を思う詩を発表して戦争に反対する気持ちを表しました。

❻ 覚えよう！

日本優勢のままポーツマスで講和会議が開かれます。日本は（10　　　　）の南部と（11　　　　）の鉄道や韓国の指導権を得ましたが（3 ）はもらえませんでした。

❼ 考えよう？

（7 ）戦争中は戦費が巨額となり国内では2度も税金が引き上げられ，勝利したのに（3 ）が得られず，講話に反対し東京では1905年に（12　　　　　）事件が起こりました。

❽ 考えよう？

1910年，日本は朝鮮の人々の反対をおしきって朝鮮を植民地としました。このことを（13　　　　）と言います。朝鮮の学校では（14　　　　）で教えられ，朝鮮の歴史は教えられませんでした。

❾ 考えよう？ 難

日本は朝鮮の（15　　　　）制度を変更し，朝鮮の人々から（15 ）を奪（うば）い，小作人として働かせ，また多くの朝鮮の人々が仕事を求め日本に移住しましたが日本では（16　　　）が広がりました。

❿ チャレンジ✓

17）植民地となった朝鮮は日本からの独立を求め，なぜ独立運動を強く続けていったのでしょうか。

ヒント　樺太／台湾／イギリス／南満州／日露／朝鮮／与謝野晶子／日比谷焼き討ち／日清／韓国併合／日本語／土地／差別／賠償金／東郷平八郎／日英同盟

明治時代まるわかりワーク⑤

2つの戦争を通して日本はどのように国際的な地位を向上させていったのか考えよう

解答A

❶覚えよう！

19世紀末，日本は清と（1 朝鮮）支配をめぐって対立しました。1894年に（1 ）で起きた農民の反乱から始まる内乱をきっかけに日本は清と戦争になり（2 日清 ）戦争が起こります。

❷覚えよう！

（2 ）戦争は日本が勝利をおさめました。戦後，日本は多額の（3 賠償金 ）を受け取り，また（4 台湾 ）などを領土としましたが，遼東半島（りゃおとんはんとう）返却を求めたロシアと対立するようになりました。

❸考えよう？

1902年，ロシアの南下を警戒（けいかい）する（5 イギリス ）が，同じくロシアの満州や朝鮮への進出を警戒する日本と同盟を結びました。これを（6 日英同盟 ）と呼びます。

❹覚えよう！

1904年に日本とロシアとの間で（7 日露 ）戦争が起こりました。日本海の戦いでは連合艦隊司令長官の（8 東郷平八郎 ）がロシア艦隊を破るなどし，日本はロシアに勝利しました。

❺考えよう？

あゝをとうとよ
君を泣く
君死にたまふことなかれ

（7 ）戦争は（2 ）戦争の4倍以上の人々が動員され，8倍もの戦死者数や戦費となりました（諸説あり）。歌人の，（9 与謝野晶子 ）は戦場の弟を思う詩を発表して戦争に反対する気持ちを表しました。

❻覚えよう！

日本優勢のままポーツマスで講和会議が開かれます。日本は（10 樺太 ）の南部と（11 南満州 ）の鉄道や韓国の指導権を得ましたが（3 ）はもらえませんでした。

❼考えよう？

（7 ）戦争中は戦費が巨額となり国内では2度も税金が引き上げられ，勝利したのに（3 ）が得られず，講話に反対し東京では1905年に（12 日比谷焼き討ち ）事件が起こりました。

❽考えよう？

1910年，日本は朝鮮の人々の反対をおしきって朝鮮を植民地としました。このことを（13 韓国併合 ）と言います。朝鮮の学校では（14 日本語 ）で教えられ，朝鮮の歴史は教えられませんでした。

❾考えよう？難

日本は朝鮮の（15 土地 ）制度を変更し，朝鮮の人々から（15 ）を奪（うば）い，小作人として働かせ，また多くの朝鮮の人々が仕事を求め日本に移住しましたが日本では（16 差別 ）が広がりました。

❿チャレンジ✓

17）植民地となった朝鮮は日本からの独立を求め，なぜ独立運動を強く続けていったのでしょうか。

政治的，経済的に不利な扱いを受け，自国の伝統や文化を禁じられたりしたことで，朝鮮の人々のほこりが深く傷つけられたから。

知っ得！ 広大な面積をほこるロシアですが，国土が高緯度で，港のほとんどは冬期に凍結してしまいます。南下政策は，不凍港を獲得するのが目的でした。

6年社会科ワークNo.22（明治時代⑥）

明治時代まるわかりワーク⑥

日本はどのように国力を充実させ国際的地位を向上させたのか考えよう

名前

❶ 覚えよう！

1886年紀伊半島沖で沈没した（1　　　　　　　）号ではイギリスの船長らは無事でしたが日本人は全員水死しました。船長は日本では裁けず軽い罰で終わり，条約改正の世論が高まりました。

❷ 覚えよう！

ロシアの南下を警戒したイギリスは日本の武力に期待し，1894年，外務大臣（2　　　　　　　）との間で（3　　　　　　　）を撤廃しました。これを期に日本は日清戦争を開戦します。

❸ 考えよう？ 難

19世紀後半になると日本の産業は（4　　　　　　　）工業を中心に急速に発展します。早朝から深夜まで15時間も働く女工の過酷な労働で（5　　　　　　　）の生産は世界一になりました。

❹ 覚えよう！

日清戦争の賠償金（国家予算の4倍）の一部を使って北九州に近代的設備の（6　　　　　　　）をつくりました。その結果，造船や機械などの（7　　　　　　　）が発展しました。

❺ 考えよう？

産業の急速な発展で深刻な公害も発生します。栃木の（8　　　　　　　）銅山では工場の煙が山林を枯らし，排水が川を汚染し衆議院議員（9　　　　　　　）が国に訴えました。

❻ 覚えよう！

（10　　　　　　　）はアメリカに留学した後に外務大臣となり，日露戦争を終わらせるポーツマス条約，1911年には（11　　　　　　　）を回復する条約改正を達成させました。

❼ 覚えよう！

1890年世界で初めてジフテリアや破傷風の治療法を発見した（12　　　　　　　）は翌年伝染病研究所をつくり，多くの医学者を育てました。ノーベル賞候補にもなりました。

❽ 覚えよう！

（12 ）のもとで研究していた（13　　　　　　　）は1897年赤痢菌を発見し，その後，治療薬もつくりました。なお赤痢菌の学名は「Shigella」と彼の名前にちなんでいます。

❾ 覚えよう！

（12 ）のもとで研究していた（14　　　　　　　）は1900年にヘビ毒の研究で注目され，その後も黄熱病や原因不明の伝染病などの発見で3度もノーベル賞候補になりました。

❿ チャレンジ✓

15）夏目漱石や樋口一葉など，明治に入り，優れた文学作品が生まれます。どのような特徴がありますか？

ヒント 繊維／生糸／八幡製鉄所／ノルマントン／田中正造／小村寿太郎／陸奥宗光／治外法権／関税自主権／北里柴三郎／志賀潔／野口英世／足尾／重工業

日本はどのように国力を充実させ国際的地位を向上させたのか考えよう

解答A

❶ 覚えよう！

1886年紀伊半島沖で沈没した（1 **ノルマントン**　）号ではイギリスの船長らは無事でしたが日本人は全員水死しました。船長は日本では裁けず軽い罰で終わり，条約改正の世論が高まりました。

❷ 覚えよう！

ロシアの南下を警戒したイギリスは日本の武力に期待し，1894年，外務大臣（2 **陸奥宗光**　）との間で（3 **治外法権**　）を撤廃しました。これを期に日本は日清戦争を開戦します。

❸ 考えよう？ 難

19世紀後半になると日本の産業は（4 **繊維**　）工業を中心に急速に発展します。早朝から深夜まで15時間も働く女工の過酷な労働で（5 **生糸**　）の生産は世界一になりました。

❹ 覚えよう！

日清戦争の賠償金（国家予算の4倍）の一部を使って北九州に近代的設備の（6 **八幡製鉄所**　）をつくりました。その結果，造船や機械などの（7 **重工業**　）が発展しました。

❺ 考えよう？

産業の急速な発展で深刻な公害も発生します。栃木の（8 **足尾**　）銅山では工場の煙が山林を枯らし，排水が川を汚染し衆議院議員（9 **田中正造**　）が国に訴えました。

❻ 覚えよう！

（10 **小村寿太郎**　）はアメリカに留学した後に外務大臣となり，日露戦争を終わらせるポーツマス条約，1911年には（11 **関税自主権**　）を回復する条約改正を達成させました。

❼ 覚えよう！

1890年世界で初めてジフテリアや破傷風の治療法を発見した（12 **北里柴三郎**　）は翌年伝染病研究所をつくり，多くの医学者を育てました。ノーベル賞候補にもなりました。

❽ 覚えよう！

（12 ）のもとで研究していた（13 **志賀潔**　）は1897年赤痢菌を発見し，その後，治療薬もつくりました。なお赤痢菌の学名は「Shigella」と彼の名前にちなんでいます。

❾ 覚えよう！

（12 ）のもとで研究していた（14 **野口英世**　）は1900年にヘビ毒の研究で注目され，その後も黄熱病や原因不明の伝染病などの発見で3度もノーベル賞候補になりました。

❿ チャレンジ✓

15）夏目漱石や樋口一葉など，明治に入り，優れた文学作品が生まれます。どのような特徴がありますか？

明治に入り西洋化が進み，宗教や道徳にとらわれず，社会の人々のありのままの姿を表す小説などが数多く注目された。

知っ得！ 田中正造は足尾銅山で起きている公害を政府に止めさせるように1901年に明治天皇に直接，直訴状を渡そうと天皇にかけよりましたが取りおさえられました。

大正時代まるわかりワーク

大正時代となり，人々の生活や社会はどのように変化したのか考えよう

名前

❶考えよう？

1912年から始まる（1　　　　）時代は，電車やバスなどの交通が発達，ラジオ放送，映画，電話，雑誌，デパートなど大衆の文化が発達しました。また女性の活躍の場も増えました。

❷考えよう？

1914年，ヨーロッパで起きた（2　　　　　　　　）では日英同盟を名目に連合国側で参加しました。ドイツに宣戦布告し，中国のドイツ基地を攻撃し，中国に勢力を伸ばしました。

❸考えよう？

（2 ）の影響で，日本は輸出を大幅にのばし大戦景気と呼ばれる好景気を迎えましたが，戦後は米などの（3　　　　）が高騰し各地で労働運動や農民運動が起こりました。

❹考えよう？

1918年，米の値段が急に上がったことに反対する民衆運動（4　　　　　）が富山の漁村の主婦たちが米屋におしかけたことから始まり，その後全国に広がっていきました。

❺考えよう？ 難

人々のくらしの向上や社会問題を改善しようとする人々の思いが（5　　　　　）の考え方を広め，吉野作造は政治は世論に従い行なうべきだと，（6　　　　　）選挙の実施を訴えました。

❻考えよう？

女性の地位の向上を目指す運動は（7　　　　　）や市川房枝らを中心に広がっていきました。女性の選挙権の獲得や母親の権利を守ることを訴え，1919年に新婦人協会を設立しました。

❼考えよう？

四民平等となってからも江戸時代の頃に差別を受けた人々は就職や結婚などで差別されていました。そこで，彼らは（8　　　　　）をつくり差別をなくす運動を広めました。

❽覚えよう！

1923年9月1日，関東地方で死者・不明者約11万人にもなる（9　　　　　）が起きました。混乱の中で朝鮮人が暴動を起こすという噂が流れ多くの朝鮮人が殺される事件が起きました。

❾考えよう？ 難

日本国内の不景気によって労働者や小作人の社会運動が頻発したり関東大震災によって社会が混乱すると政府は（10　　　　　）などへ移民することを推し進めました。

❿チャレンジ✓

1925年

普通選挙法成立…25才以上の男子に選挙権

治安維持法成立…政治や社会のしくみを変えようとする動きを取り締まる法律

11）普通選挙法や治安維持法によって社会はどのように変化したと考えますか。

ヒント　平塚らいてう／物価／第一次世界大戦／民主主義／大正／普通／関東大震災／ブラジル／米騒動／全国水平社

大正時代まるわかりワーク

大正時代となり，人々の生活や社会はどのように変化したのか考えよう

解答 A

❶ 考えよう？

1912年から始まる（1 **大正** ）時代は，電車やバスなどの交通が発達，ラジオ放送，映画，電話，雑誌，デパートなど大衆の文化が発達しました。また女性の活躍の場も増えました。

❷ 考えよう？

1914年，ヨーロッパで起きた（2 **第一次世界大戦** ）では日英同盟を名目に連合国側で参加しました。ドイツに宣戦布告し，中国のドイツ基地を攻撃し，中国に勢力を伸ばしました。

❸ 考えよう？

（2 ）の影響で，日本は輸出を大幅にのばし大戦景気と呼ばれる好景気を迎えましたが，戦後は米などの（3 **物価** ）が高騰し各地で労働運動や農民運動が起こりました。

❹ 考えよう？

1918年，米の値段が急に上がったことに反対する民衆運動（4 **米騒動** ）が富山の漁村の主婦たちが米屋におしかけたことから始まり，その後全国に広がっていきました。

❺ 考えよう？ 難

人々のくらしの向上や社会問題を改善しようとする人々の思いが（5 **民主主義** ）の考え方を広め，吉野作造は政治は世論に従い行なうべきだと，（6 **普通** ）選挙の実施を訴えました。

❻ 考えよう？

女性の地位の向上を目指す運動は（7 **平塚らいてう** ）や市川房枝らを中心に広がっていきました。女性の選挙権の獲得や母親の権利を守ることを訴え，1919年に新婦人協会を設立しました。

❼ 考えよう？

四民平等となってからも江戸時代の頃に差別を受けた人々は就職や結婚などで差別されていました。そこで，彼らは（8 **全国水平社** ）をつくり差別をなくす運動を広めました。

❽ 覚えよう！

1923年9月1日，関東地方で死者・不明者約11万人にもなる（9 **関東大震災** ）が起きました。混乱の中で朝鮮人が暴動を起こすという噂が流れ多くの朝鮮人が殺される事件が起きました。

❾ 考えよう？ 難

日本国内の不景気によって労働者や小作人の社会運動が頻発したり関東大震災によって社会が混乱すると政府は（10 **ブラジル** ）などへ移民することを推し進めました。

❿ チャレンジ✓

1925年
普通選挙法成立…25才以上の男子に選挙権
治安維持法成立…政治や社会のしくみを変えようとする動きを取り締まる法律

11）普通選挙法や治安維持法によって社会はどのように変化したと考えますか。

普通選挙法ができたことは社会にとって進歩だが，女性にはまだ権利がない。また治安維持法は国民をおさえつけるような法律になりこれから国の力が強くなりそう。

知っ得！ ブラジルへは日本から約100年間で13万人が移住し，現在160万人の日系人が住んでいると言われています。

昭和時代まるわかりワーク①

日本がどのように戦時体制に入り戦争を進めていったのか考えよう

名前

❶覚えよう！

昭和初期，世界中が不景気で日本でも会社や工場がつぶれ生活に苦しむ人々が増えました。すると（1　　　　　）を日本のものにすれば国民の生活がよくなるとする考えが広まりました。

❷覚えよう！

1931年，日本軍は南満州鉄道の線路を爆破（ばくは）し，中国軍の仕業として攻撃（こうげき）を開始しました。これを（2　　　　　）と言います。そして，翌年には（1）国を建国しました。

❸覚えよう！

1932年，一部の軍人が日本の総理大臣であった犬養毅（いぬかいつよし）首相を（3　　　　　）するという事件（五・一五事件）が起きました。その後，軍人が政治に対する発言力を強めていきました。

❹覚えよう！

1933年（4　　　　　）が（2）の調査を行った結果，満州国の独立を認めず，中国の主権下にあるべきと決議しました。これに反発した日本は1935年，（4）を（5　　　　　）しました。

❺覚えよう！

1937年，日本軍と中国軍が北京近くで衝突し，シャンハイ，ナンキンと中国各地に戦いが広がっていき，多くの住民にも被害がおよびました。これを（6　　　　　）と言います。

❻覚えよう！

1939年，（7　　　　　）がポーランドを攻撃したのをきっかけにイギリスやフランスと戦争を始めました。アジアやヨーロッパを戦場とした（8　　　　　）が始まりました。

❼覚えよう！

1940年，日本は（9　　　　　）やゴムなど資源を求めて（10　　　　　）にも軍隊を送りました。そしてドイツやイタリアと（11　　　　　）を結び，アメリカやイギリスと対立しました。

❽覚えよう！

中国を援助していたアメリカが日本への石油の輸出を禁止するなどしたため1941年12月8日，日本は，ハワイの（12　　　　　）にある海軍基地を攻撃し（13　　　　　）戦争が始まりました。

❾覚えよう！難

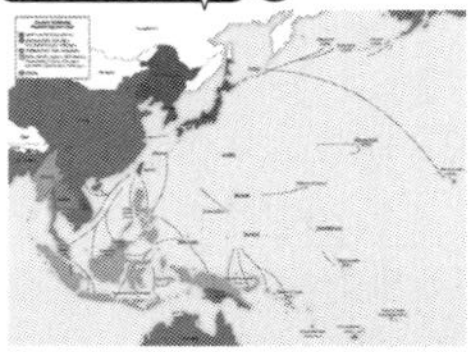

日本は東南アジアや太平洋の島々を次々に占領していきました。住民を労働させたり，戦争に必要な資源や食料を取り立てました。そのため日本に対する（14　　　　　）も起きました。

❿チャレンジ✓

15）日本とアメリカの生産力の差はどのように戦争に影響したのでしょうか。

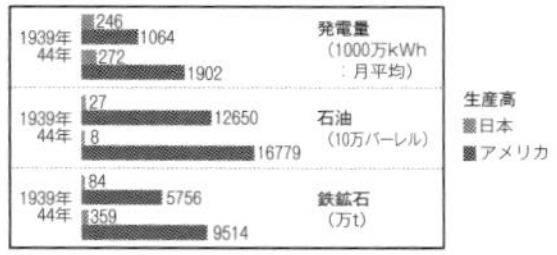

ヒント　軍事同盟／国際連盟／脱退／ドイツ／満州事変／太平洋／第二次世界大戦／東南アジア／暗殺／真珠湾／抵抗運動／日中戦争／満州／石油

昭和時代まるわかりワーク①

日本がどのように戦時体制に入り戦争を進めていったのか考えよう

解答A

❶覚えよう！

昭和初期，世界中が不景気で日本でも会社や工場がつぶれ生活に苦しむ人々が増えました。すると（1 **満州**　）を日本のものにすれば国民の生活がよくなるとする考えが広まりました。

❷覚えよう！

1931年，日本軍は南満州鉄道の線路を爆破（ばくは）し，中国軍の仕業として攻撃（こうげき）を開始しました。これを（2 **満州事変**　）と言います。
そして，翌年には（1 ）国を建国しました。

❸覚えよう！

1932年，一部の軍人が日本の総理大臣であった犬養毅（いぬかいつよし）首相を（3 **暗殺**　）するという事件（五・一五事件）が起きました。その後，軍人が政治に対する発言力を強めていきました。

❹覚えよう！

1933年（4 **国際連盟**　）が（2 ）の調査を行った結果，満州国の独立を認めず，中国の主権下にあるべきと決議しました。これに反発した日本は1935年，（4 ）を（5 **脱退**　）しました。

❺覚えよう！

1937年，日本軍と中国軍が北京近くで衝突し，シャンハイ，ナンキンと中国各地に戦いが広がっていき，多くの住民にも被害がおよびました。これを（6 **日中戦争**　）と言います。

❻覚えよう！

1939年，（7 **ドイツ**　）がポーランドを攻撃したのをきっかけにイギリスやフランスと戦争を始めました。アジアやヨーロッパを戦場とした（8 **第二次世界大戦**　）が始まりました。

❼覚えよう！

1940年，日本は（9 **石油**　）やゴムなど資源を求めて（10 **東南アジア**　）にも軍隊を送りました。そしてドイツやイタリアと（11 **軍事同盟**　）を結び，アメリカやイギリスと対立しました。

❽覚えよう！

中国を援助していたアメリカが日本への石油の輸出を禁止するなどしたため1941年12月8日，日本は，ハワイの（12 **真珠湾**　）にある海軍基地を攻撃し（13 **太平洋**　）戦争が始まりました。

❾覚えよう！難

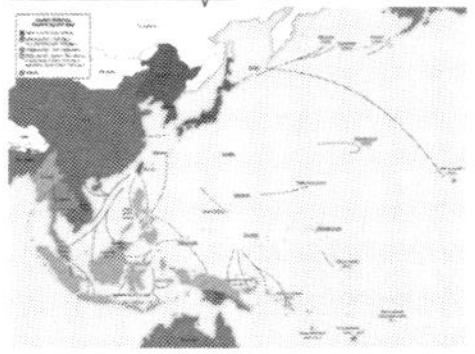

日本は東南アジアや太平洋の島々を次々に占領していきました。住民を労働させたり，戦争に必要な資源や食料を取り立てました。そのため日本に対する（14 **抵抗運動**　）も起きました。

❿チャレンジ

15）日本とアメリカの生産力の差はどのように戦争に影響したのでしょうか。

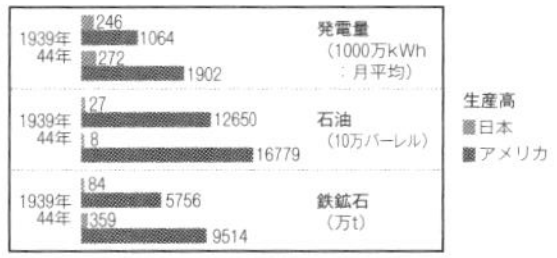

圧倒的な資源の差があるので，いずれ日本は負けていくと思う。しかし，アメリカに負けないためにさらに強引に他の国を攻めようとしたと思う。

知っ得！ 1912年までは中国は「清」という満州族の王朝でした。日清戦争後に清は国内の革命で「中華民国」となり，現在の「中華人民共和国」は1949年に誕生しました。

昭和時代まるわかりワーク②

戦時体制下での国民の生活について考えよう

名前

❶ 考えよう？

1938年，政府は国家総動員法を制定し，国民が一丸となって戦争に協力することが求められました。隣組がつくられ互いに監視し合うようにし政府は（1　　　　　）を強めていきました。

❷ 考えよう？ 難

1938年，政府によってガソリンや電気の使用は，国が管理し（2　　　　）されました。また国民は（3　　　　　）の働き手として動員されました。これを勤労動員と言います。

❸ 考えよう？

戦争が進むと国の予算のほとんどが軍事費に使われるようになりました。1941年からは米や野菜，衣類などは，国が管理する（4　　　　　）になりました。報道や出版も制限されました。

❹ 考えよう？

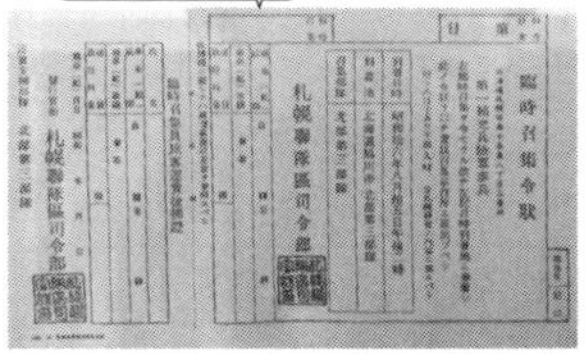

戦争が続く中，多くの国民が（5　　　　　）として戦地に送られました。（6　　　　）と呼ばれる召集令状が届くとその指示に従って軍隊に入りました。

❺ 考えよう？

1941年になると小学校は国民学校となり，生活も軍隊式のものになりました。さらに（7　　　　　　）も行われ，今の中学生ぐらいになると農場や軍需工場などで働かせられました。

❻ 考えよう？ 難

1943年，戦局が悪化すると武器生産に必要な金属資源の不足を補うために（8　　　　）令を制定しました。これにより家庭の鍋（なべ）や寺の鐘（かね），銅像などが回収されました。

❼ 考えよう？

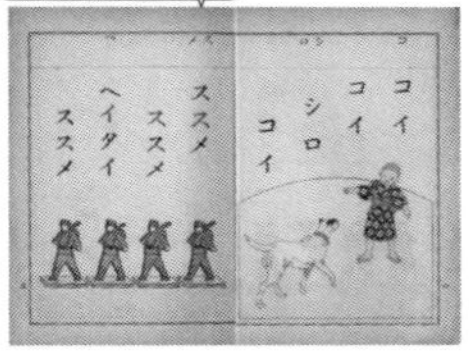

学校で使われる教科書にも（9　　　　　）に関係する内容が多くのるようになりました。また子どもの読む本や雑誌も戦争を題材にしたものが多くなりました。

❽ 考えよう？

空襲（くうしゅう）が激しくなると，都市部の子どもたちは戦火を避（さ）けるために地方のお寺などに集団で（10　　　　）しました。しかし，食べ物はあまりなく質素な食事に子どもたちは耐（た）えていました。

❾ 考えよう？ 難

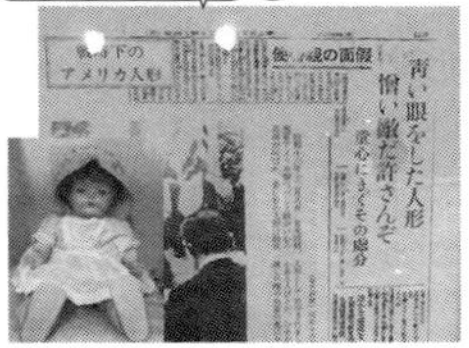

1927年に日本とアメリカの友好使節として送られてきた12,000体の（11　　　　）の人形は，太平洋戦争が始まると敵国の人形ということで各地で壊されたり焼かれたりしました。

❿ チャレンジ✓

12）戦時下では隣組がつくられ，住民同士が協力したり監視し合ったりしました。どんな気持ちだったでしょう。

ヒント　金属回収／疎開／制限／配給制／兵士／戦争の訓練／戦争／青い目／軍需工場／赤紙／戦時体制

昭和時代まるわかりワーク②

戦時体制下での国民の生活について考えよう

解答A

❶考えよう？

1938年，政府は国家総動員法を制定し，国民が一丸となって戦争に協力することが求められました。隣組がつくられ互いに監視し合うようにし政府は（1 **戦時体制**　）を強めていきました。

❷考えよう？難

1938年，政府によってガソリンや電気の使用は，国が管理し（2 **制限**　）されました。また国民は（3 **軍需工場**　）の働き手として動員されました。これを勤労動員と言います。

❸考えよう？

戦争が進むと国の予算のほとんどが軍事費に使われるようになりました。1941年からは米や野菜，衣類などは，国が管理する（4 **配給制**　　）になりました。報道や出版も制限されました。

❹考えよう？

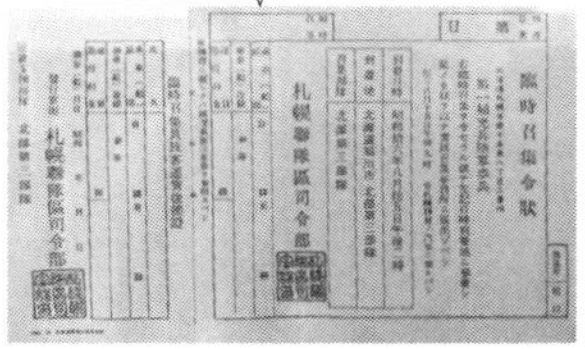

戦争が続く中，多くの国民が（5 **兵士**　　）として戦地に送られました。（6 **赤紙**　）と呼ばれる召集令状が届くとその指示に従って軍隊に入りました。

❺考えよう？

1941年になると小学校は国民学校となり，生活も軍隊式のものになりました。さらに（7 **戦争の訓練**　　　）も行われ，今の中学生ぐらいになると農場や軍需工場などで働かせられました。

❻考えよう？難

1943年，戦局が悪化すると武器生産に必要な金属資源の不足を補うために（8 **金属回収**　）令を制定しました。これにより家庭の鍋（なべ）や寺の鐘（かね），銅像などが回収されました。

❼考えよう？

学校で使われる教科書にも（9 **戦争**　　　）に関係する内容が多くのるようになりました。また子どもの読む本や雑誌も戦争を題材にしたものが多くなりました。

❽考えよう？

空襲（くうしゅう）が激しくなると，都市部の子どもたちは戦火を避（さ）けるために地方のお寺などに集団で（10 **疎開**　　）しました。しかし，食べ物はあまりなく質素な食事に子どもたちは耐（た）えていました。

❾考えよう？難

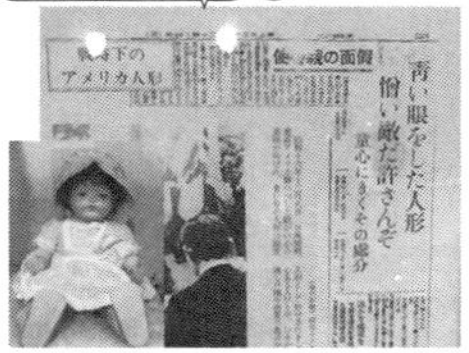

1927年に日本とアメリカの友好使節として送られてきた12,000体の（11 **青い目**　　）の人形は，太平洋戦争が始まると敵国の人形ということで各地で壊されたり焼かれたりしました。

❿チャレンジ✓

12）戦時下では隣組がつくられ，住民同士が協力したり監視し合ったりしました。どんな気持ちだったでしょう。

生活の中が戦争一色になり辛かったと思うが，政府によって情報も統制され日本が勝つことを信じて，苦しい生活にも耐えていたと思う。

知っ得！　青い目の人形は戦時中，処分を忍びなく思った人々が天井裏や床下などに隠し，現在，日本には335体が残っています。

昭和時代まるわかりワーク③

戦争はどのように終結していったのか考えよう

名前

❶考えよう?

1943年，政府は，アジア・太平洋に広がり，長く続く戦争での兵力不足を補うために高等教育機関の20才以上の学生を徴兵しました。これを（1　　　　　）と言います。

❷考えよう?

1944年，日本軍の爆弾を積んだ航空機を搭乗員もろとも敵艦に体当たりさせる作戦が（2　　　　　）です。約4,000人もの命を犠牲にしました。その多くは鹿児島県の知覧基地からの出撃でした。

❸考えよう?

1945年（3　　　　　）夜間から，アメリカ軍が（4　　　　　）に大量の焼夷弾を落とす（5　　　　　）を行いました。これにより約10万人の人々が命を落とし，約100万人の住民が被災しました。

❹考えよう?

1945年（6　　　　　）にアメリカ軍が（7　　　　　）本土に上陸しました。このとき日本で唯一の地上戦が行われ，約12万人の県民の生命が奪われました。6月には沖縄全土が制圧されました。

❺考えよう?

1943年9月に（8　　　　　），1945年5月に（9　　　　　）が相次いで連合国軍に降伏しました。これにより，ヨーロッパでの戦争が終結します。ムッソリーニは処刑，ヒトラーは自殺しました。

❻考えよう?

1945年にアメリカ軍が（10　　　　　）は（11　　　　　）に，（12　　　　　）は（13　　　　　）に，（14　　　　　）を投下しました。これにより両市で15万人以上の命が奪われました。

❼考えよう?

左が広島　で　右が長崎

（14　）の投下では，地上1万mまで（15　　　　　）雲が立ち，熱線と爆風で，建物は崩れ，人々は焼かれました。現在でも，そのときの放射線で（16　　　　　）に苦しむ人々がいます。

❽考えよう? 難

ハバロフスク日本人墓地

満州や，樺太南部，千島列島には旧（17　　　　　）軍が攻め込んできて，約8万人の死傷者を出し，約60万人が捕虜として（18　　　　　）へ連れられました。また北方領土を占領されました。

❾考えよう?

1945年（19　　　　　）に日本はポツダム宣言を受諾して無条件（20　　　　　）しました。日本における朝鮮や台湾の植民地支配も終わり，沖縄はアメリカの統治となりました。

❿チャレンジ✓

21）8月15日に天皇陛下自らが日本の降伏を伝えました。そのとき，国民はどんな気持ちだったでしょうか。

ヒント シベリア／8月9日／3月10日／8月6日／東京／大空襲／4月1日／ドイツ／学徒出陣／長崎／キノコ／後遺症／広島／ソ連／神風特別攻撃隊／8月15日／降伏／沖縄／イタリア／原子爆弾

6年社会科ワークNo.26（昭和時代③）

昭和時代まるわかりワーク③

戦争はどのように終結していったのか考えよう

解答A

❶考えよう?

1943年，政府は，アジア・太平洋に広がり，長く続く戦争での兵力不足を補うために高等教育機関の20才以上の学生を徴兵しました。これを（1 **学徒出陣**　）と言います。

❷考えよう?

1944年，日本軍の爆弾を積んだ航空機を搭乗員もろとも敵艦に体当たりさせる作戦が（2 **神風特別攻撃隊**　）です。約4,000人もの命を犠牲にしました。その多くは鹿児島県の知覧基地からの出撃でした。

❸考えよう?

1945年（3 **3月10日**　）夜間から，アメリカ軍が（4 **東京**　）に大量の焼夷弾を落とす（5 **大空襲**　）を行いました。これにより約10万人の人々が命を落とし，約100万人の住民が被災しました。

❹考えよう?

1945年（6 **4月1日**　）にアメリカ軍が（7 **沖縄**　）本土に上陸しました。このとき日本で唯一の地上戦が行われ，約12万人の県民の生命が奪われました。6月には沖縄全土が制圧されました。

❺考えよう?

1943年9月に（8 **イタリア**　），1945年5月に（9 **ドイツ**　）が相次いで連合国軍に降伏しました。これにより，ヨーロッパでの戦争が終結します。ムッソリーニは処刑，ヒトラーは自殺しました。

❻考えよう?

1945年にアメリカ軍が（10 **8月6日**　）は（11 **広島**　）に，（12 **8月9日**　）は（13 **長崎**　）に，（14 **原子爆弾**　）を投下しました。これにより両市で15万人以上の命が奪われました。

❼考えよう?

左が広島　で　右が長崎

（14 ）の投下では，地上1万mまで（15 **キノコ**　）雲が立ち，熱線と爆風で，建物は崩れ，人々は焼かれました。現在でも，そのときの放射線で（16 **後遺症**　）に苦しむ人々がいます。

❽考えよう? 難

ハバロフスク日本人墓地

満州や，樺太南部，千島列島には旧（17 **ソ連**　）軍が攻め込んできて，約8万人の死傷者を出し，約60万人が捕虜として（18 **シベリア**　）へ連れられました。また北方領土を占領されました。

❾考えよう?

1945年（19 **8月15日**　）に日本はポツダム宣言を受諾して無条件（20 **降伏**　）しました。日本における朝鮮や台湾の植民地支配も終わり，沖縄はアメリカの統治となりました。

❿チャレンジ✓

21）8月15日に天皇陛下自らが日本の降伏を伝えました。そのとき，国民はどんな気持ちだったでしょうか。

勝てると信じていたから信じられない気持ちや，戦争から開放されるという気持ちや負けた悔しい気持ちなど。

知っ得！ 広島に落とされた原子爆弾はウラン，長崎はプルトニウムという物質が使われ，アメリカは種類の違う核爆弾を試したとも言われています。

戦後，日本はどのように民主的な国家として出発したのか考えよう

名前

❶ 考えよう？

戦争は終わりましたが，都市は空襲で（1　　　　　）になり，田畑は荒れ果て，人々は家も失い，家族も失い，食べ物も不足し，満員の列車に乗って農村に買い出しに行きました。

❷ 考えよう？

敗戦によって日本はアメリカを中心とする連合国軍に占領されました。連合国軍総司令部最高司令官（2　　　　　）の指示で日本は（3　　　　　）国家を目指していきます。

❸ 覚えよう！

日本政府は（３）国家を目指すため1945年，選挙法が改正され，20歳以上のすべての男女に（4　　　　　）が保障されました。人々の生活と権利を守る法律もつくられました。

❹ 覚えよう！ 難

連合国軍総司令部（GHQ）の指導により1945年，政府は土地の地主性を解体し，土地を買い上げ，小作農家も，自分の土地を持てるようになる，（5　　　　　）を行いました。

❺ 覚えよう！

1946年11月3日に新しい憲法（6　　　　　）が公布され，翌年5月3日に施行されました。政治を決める権利は（7　　　　　）にあることが宣言され，世界平和の理想をかかげました。

❻ 考えよう？

（６）では二度と（8　　　　　）をしないように，戦争をするための（9　　　　　）をもたないことや（10　　　　　）をもたないことを宣言しています。これを戦力の放棄（ほうき）と言います。

❼ 考えよう？

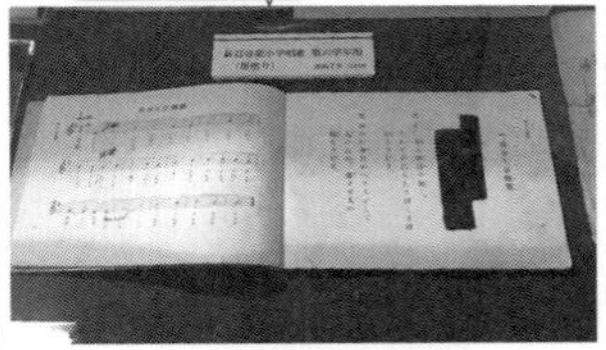

1947年，教育制度では小学校6年間，中学校3年間の義務教育になりました。教科書は戦時中のものが使われましたが，戦争に関する部分は（11　　　　　）で消されました。

❽ 覚えよう！

第二次世界大戦を防ぐことができなかった反省から，米，英，ソが中心となって（12　　　　　）がつくられましたがその後，米ソが対立し，1950年には（13　　　　　）が起こりました。

❾ 覚えよう！

1951年にアメリカで開かれた講和会議で日本は48ヵ国と（14　　　　　）を結び翌年，占領が終わりました。また1956年には（12）に加盟し国際社会に復帰します。

❿ チャレンジ✓

15）戦後も核兵器の開発が行われ，アメリカの水爆実験で日本の漁船が被爆したことをどう考えますか。

ヒント　マッカーサー／平和条約／焼け野原／農地改革／民主主義／国民／戦争／兵器／墨／国際連合／朝鮮戦争／日本国憲法／軍隊／選挙権

戦後，日本はどのように民主的な国家として出発したのか考えよう

解答A

❶考えよう？

戦争は終わりましたが，都市は空襲で（1 **焼け野原**　）になり，田畑は荒れ果て，人々は家も失い，家族も失い，食べ物も不足し，満員の列車に乗って農村に買い出しに行きました。

❷考えよう？

敗戦によって日本はアメリカを中心とする連合国軍に占領されました。連合国軍総司令部最高司令官（2 **マッカーサー**　）の指示で日本は（3 **民主主義**　）国家を目指していきます。

❸覚えよう！

日本政府は（3 ）国家を目指すため1945年，選挙法が改正され，20歳以上のすべての男女に（4 **選挙権**　）が保障されました。人々の生活と権利を守る法律もつくられました。

❹覚えよう！難

連合国軍総司令部（GHQ）の指導により1945年，政府は土地の地主性を解体し，土地を買い上げ，小作農家も，自分の土地を持てるようになる，（5 **農地改革**　）を行いました。

❺覚えよう！

1946年11月3日に新しい憲法（6 **日本国憲法**　）が公布され，翌年5月3日に施行されました。政治を決める権利は（7 **国民**　）にあることが宣言され，世界平和の理想をかかげました。

❻考えよう？

（6 ）では二度と（8 **戦争**　）をしないように，戦争をするための（9 **兵器**　）をもたないことや（10 **軍隊**　）をもたないことを宣言しています。これを戦力の放棄（ほうき）と言います。

❼考えよう？

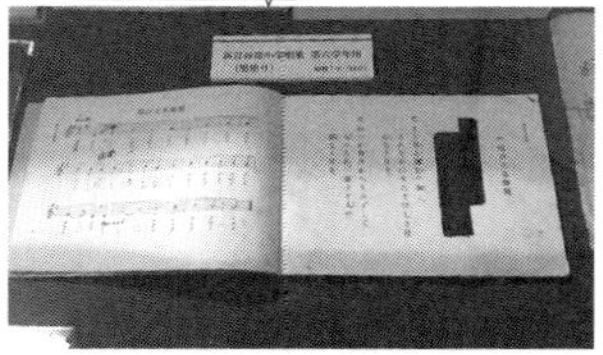

1947年，教育制度では小学校6年間，中学校3年間の義務教育になりました。教科書は戦時中のものが使われましたが，戦争に関する部分は（11 **墨**　）で消されました。

❽覚えよう！

第二次世界大戦を防ぐことができなかった反省から，米，英，ソが中心となって（12 **国際連合**　）がつくられましたがその後，米ソが対立し，1950年には（13 **朝鮮戦争**　）が起こりました。

❾覚えよう！

1951年にアメリカで開かれた講和会議で日本は48ヵ国と（14 **平和条約**　）を結び翌年，占領が終わりました。また1956年には（12 ）に加盟し国際社会に復帰します。

❿チャレンジ✓

15）戦後も核兵器の開発が行われ，アメリカの水爆実験で日本の漁船が被爆したことをどう考えますか。

広島や長崎のような悲劇を起こさないためにも，日本は被爆国として核兵器を世界からなくしていく先頭に立ってほしい。

知っ得！ 原爆は核分裂のエネルギーであるのに対し，水爆は核融合のエネルギーで爆発します。水爆は原爆の何千倍もの威力を持った恐ろしい核兵器です。

戦後，オリンピックの開催（かいさい）などを手がかりに日本がどのように国際社会に復帰したのか考えよう

名前

❶考えよう？

米ソの対立が深まり世界が2つに割れます。朝鮮半島では北と南で対立し，1950年に（1　　　　）戦争が起こり，日本では（2　　　　　）の前身である警察予備隊がつくられました。

❷考えよう？

占領が終わり主権が回復した日本政府は1954年にオリンピック・パラリンピックの開催地に立候補し，1度は落選したものの1964年に（3　　　）での開催を決めました。

❸覚えよう！

日本はアメリカの協力により産業を急速に発展させます。東京タワーも建設されました。また（4　　　　　　　）と呼ばれる白黒テレビ，洗濯（せんたく）機（き），冷蔵庫の家電が普及しました。

❹覚えよう！

（3　）オリンピックに向けて新しい都市づくりが行われ，道路や下水道，地下鉄もつくられました。また東京と大阪の間には東海道（5　　　　　）ひかり号が走りました。

❺考えよう？ 難

製鉄・火力発電・石油精製などの重化学（6　　　　　　）がつくられました。各地の（7　　　　　）が整備され貿易の拡大，輸出の増加に力を入れました。政府も産業を保護していきました。

❻覚えよう！

輸送手段として自動車専用となる（8　　　　　　　　）が各地に建設されました。国民の生活は豊かになり，3Cと呼ばれる（9　　　　　　），カラーテレビ，クーラーが普及していきます。

❼覚えよう！ 難

急速な発展は高度経済成長と呼ばれ，政府は「国民所得倍増計画」を発表します。これを支えていたのが農村から都会に（10　　　　　）する金の卵と呼ばれる若い人たちでした。

❽考えよう？

1964年，アジア初の（3　）オリンピックが開催されました。多くの外国人が日本を訪れ日本の復興ぶりに目を見張りました。日本は国民総生産額（11　　　）位の経済大国となりました。

❾考えよう？ 難

経済大国となった日本はその後1970年には大阪で（12　　　　　　），1972年には札幌で（13　　　　　　　）を開催しました。急速な発展の裏では深刻な（14　　　　　）も発生しました。

❿チャレンジ✓

最終聖火ランナー
坂井義則さん

15）最終聖火ランナーは1945年8月6日に広島で生まれた青年でした。どんな思いが込められたのでしょうか？

ヒント　港／三種の神器／朝鮮／集団就職／新幹線／冬季オリンピック／東京／自衛隊／2／万国博覧会／公害／コンビナート／高速道路／自動車

昭和時代まるわかりワーク⑤

戦後，オリンピックの開催（かいさい）などを手がかりに日本がどのように国際社会に復帰したのか考えよう

解答A

❶考えよう?

米ソの対立が深まり世界が2つに割れます。朝鮮半島では北と南で対立し，1950年に（1 **朝鮮**　）戦争が起こり，日本では（2 **自衛隊**　）の前身である警察予備隊がつくられました。

❷考えよう?

1964年 東京オリンピック決る
一回で34票獲得
聖火アジアに初めて
突如発表トウキョウ！

占領が終わり主権が回復した日本政府は1954年にオリンピック・パラリンピックの開催地に立候補し，1度は落選したものの1964年に（3 **東京**　）での開催を決めました。

❸覚えよう!

日本はアメリカの協力により産業を急速に発展させます。東京タワーも建設されました。また（4 **三種の神器**　）と呼ばれる白黒テレビ，洗濯（せんたく）機（き），冷蔵庫の家電が普及しました。

❹覚えよう!

（3　）オリンピックに向けて新しい都市づくりが行われ，道路や下水道，地下鉄もつくられました。また東京と大阪の間には東海道（5 **新幹線**　）ひかり号が走りました。

❺考えよう? 難

製鉄・火力発電・石油精製などの重化学（6 **コンビナート**　）がつくられました。各地の（7 **港**　）が整備され貿易の拡大，輸出の増加に力を入れました。政府も産業を保護していきました。

❻覚えよう!

輸送手段として自動車専用となる（8 **高速道路**　）が各地に建設されました。国民の生活は豊かになり，3Cと呼ばれる（9 **自動車**　），カラーテレビ，クーラーが普及していきます。

❼覚えよう! 難

急速な発展は高度経済成長と呼ばれ，政府は「国民所得倍増計画」を発表します。これを支えていたのが農村から都会に（10 **集団就職**　）する金の卵と呼ばれる若い人たちでした。

❽考えよう?

1964年，アジア初の（3　）オリンピックが開催されました。多くの外国人が日本を訪れ日本の復興ぶりに目を見張りました。日本は国民総生産額（11 **2**　）位の経済大国となりました。

❾考えよう? 難

経済大国となった日本はその後1970年には大阪で（12 **万国博覧会**　），1972年には札幌で（13 **冬季オリンピック**　）を開催しました。急速な発展の裏では深刻な（14 **公害**　）も発生しました。

❿チャレンジ✓

最終聖火ランナー
坂井義則さん

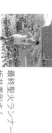

15）最終聖火ランナーは1945年8月6日に広島で生まれた青年でした。どんな思いが込められたのでしょうか？

原爆が落ちた日に生まれた子が聖火ランナーになったことで原爆の怖さを世界に訴え，世界が平和であることの喜びを伝えようとした。

知っ得！ 就職先は東京が最も多く，東北からは集団就職列車と呼ばれる臨時夜行列車が出て，上野駅に多くの若者（多くは中卒者）が到着しました。

●大名の配置
（10万石以上）（1664年ごろ）

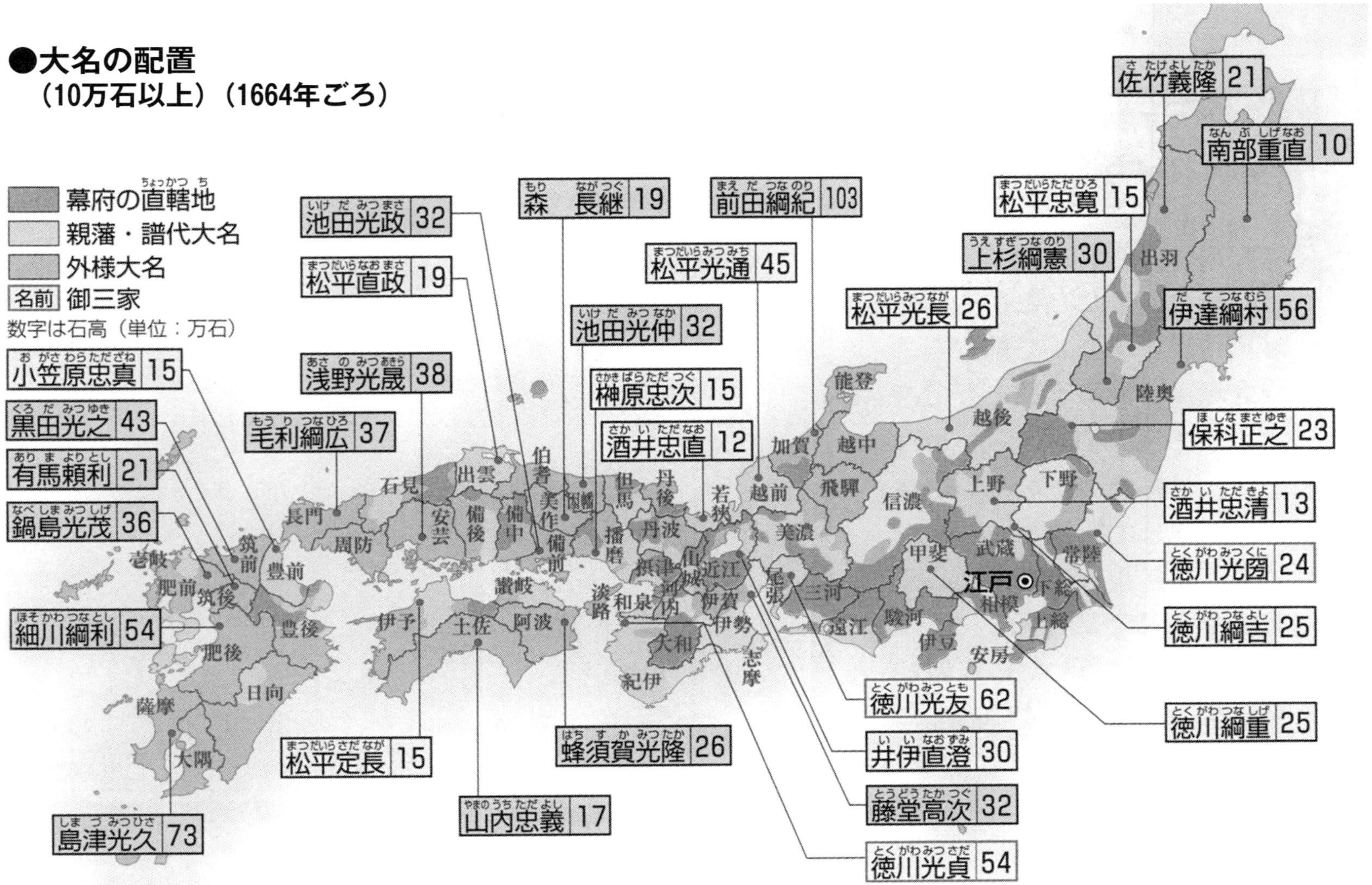

第3章

国際編

新学習指導要領では国際理解の項目が前回の内容項目よりも詳細に記述されています。グルーバル化する世界との関わりや東京オリンピック・パラリンピックを通したスポーツ文化の交流が明示されました。
また「世界においての重要な役割」という表現に加えて「諸外国のための援助や協力」といった表現も示されました。

6年社会科ワークNo.29（日本とつながりの深い国）

アメリカまるわかりワーク

アメリカの人々の生活などに着目して，日本の文化や習慣との違いを考えよう

名前

❶ アメリカ

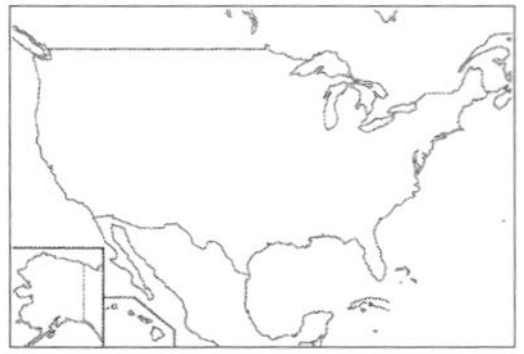

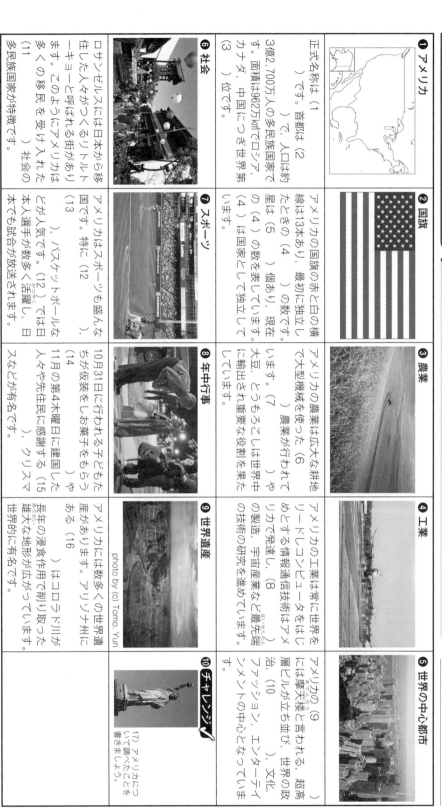

正式名称は（1　　　　　）です。首都は（2　　　　　）で，人口は約3億2,700万人の多民族国家です。面積は962万㎢でロシア，カナダ，中国につぎ世界第（3　）位です。

❷ 国旗

アメリカの国旗の赤と白の横線は13本あり，最初に独立したときの（4　　）の数です。星は（5　　）個あり，現在の（4　）の数を表しています。（4　）は国家として独立しています。

❸ 農業

アメリカの農業は広大な耕地で大型機械を使った（6　　　　）農業が行われています。（7　　　　）や大豆，とうもろこしは世界中に輸出され重要な役割を果たしています。

❹ 工業

アメリカの工業は常に世界をリードしコンピュータをはじめとする情報通信技術はアメリカで発達し，（8　　　　）の製造，宇宙産業など最先端（さいせんたん）の技術の研究を進めています。

❺ 世界の中心都市

アメリカの（9　　　　　）には摩天楼（まてんろう）と言われる，超高層ビルが立ち並び，世界の政治，（10　　　　），文化，ファッション，エンターテインメントの中心となっています。

❻ 社会

ロサンゼルスには日本から移住した人々がつくるリトルトーキョーと呼ばれる街があります。このようにアメリカは多くの移民を受け入れた（11　　　　　）社会の多民族国家が特徴です。

❼ スポーツ

アメリカはスポーツも盛んな国です。特に（12　　　　），（13　　　　），バスケットボールなどが人気です。（12　）では日本人選手が数多く活躍（かつやく）し，日本でも試合が放送されます。

❽ 年中行事

10月31日に行われる子どもたちが仮装をしお菓子をもらう（14　　　　　）や11月の第4木曜日に建国した人々や先住民に感謝する（15　　　　　），クリスマスなどが有名です。

❾ 世界遺産

photo by (c) Tomo. Yun

アメリカには数多くの世界遺産があります。アリゾナ州にある（16　　　　　）はコロラド川が長年の浸食作用で削り取った雄大（ゆうだい）な地形が広がっています。世界的に有名です。

❿ チャレンジ

17）アメリカについて調べたことを書きましょう。

ヒント 野球／大規模／ワシントンD.C.／航空機／州／50／アメリカ合衆国／小麦／3／アメリカンフットボール／感謝祭／多文化／ニューヨーク／ハロウィン／経済／グランドキャニオン

6年社会科ワークNo.29（日本とつながりの深い国）

アメリカまるわかりワーク

アメリカの人々の生活などに着目して，日本の文化や習慣との違いを考えよう

解答 A

❶ アメリカ

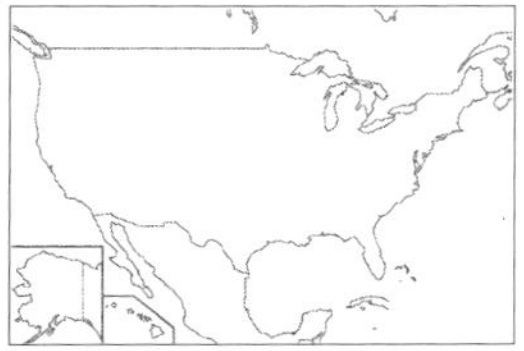

正式名称は（1 **アメリカ合衆国**　）です。首都は（2 **ワシントンD.C.**　）で，人口は約3億2,700万人の多民族国家です。面積は962万㎢でロシア，カナダ，中国につぎ世界第（3 3　）位です。

❷ 国旗

アメリカの国旗の赤と白の横線は13本あり，最初に独立したときの（4 **州**　）の数です。星は（5 **50**　）個あり，現在の（4　）の数を表しています。（4　）は国家として独立しています。

❸ 農業

アメリカの農業は広大な耕地で大型機械を使った（6 **大規模**　）農業が行われています。（7 **小麦**　）や大豆，とうもろこしは世界中に輸出され重要な役割を果たしています。

❹ 工業

アメリカの工業は常に世界をリードしコンピュータをはじめとする情報通信技術はアメリカで発達し，（8 **航空機**　）の製造，宇宙産業など最先端の技術の研究を進めています。

❺ 世界の中心都市

アメリカの（9 **ニューヨーク**　）には摩天楼と言われる，超高層ビルが立ち並び，世界の政治，（10 **経済**　），文化，ファッション，エンターテインメントの中心となっています。

❻ 社会

ロサンゼルスには日本から移住した人々がつくるリトルトーキョーと呼ばれる街があります。このようにアメリカは多くの移民を受け入れた（11 **多文化**　）社会の多民族国家が特徴です。

❼ スポーツ

アメリカはスポーツも盛んな国です。特に（12 **野球**　），（13 **アメリカンフットボール**　），バスケットボールなどが人気です。（12　）では日本人選手が数多く活躍し，日本でも試合が放送されます。

❽ 年中行事

10月31日に行われる子どもたちが仮装をしお菓子をもらう（14 **ハロウィン**　）や11月の第4木曜日に建国した人々や先住民に感謝する（15 **感謝祭**　），クリスマスなどが有名です。

❾ 世界遺産

photo by (c) Tomo. Yun

アメリカには数多くの世界遺産があります。アリゾナ州にある（16 **グランドキャニオン**　）はコロラド川が長年の浸食作用で削り取った雄大な地形が広がっています。世界的に有名です。

❿ チャレンジ

17）アメリカについて調べたことを書きましょう。

アメリカのアラスカ州は本土と離れた最北端の州で北極圏も含まれる。またハワイ州は熱帯に属し常夏の島だ。

知っ得！ アメリカの小学校の新学期は9月です。そして，成績が優秀な子どもには飛び級，また留年もあり，わざとそうすることもあるようで，とても柔軟的です。

6年社会科ワークNo.30（日本とつながりの深い国）

中国まるわかりワーク

中国の人々の生活などに着目して，日本の文化や習慣との違いを考えよう

名前

❶ 中国

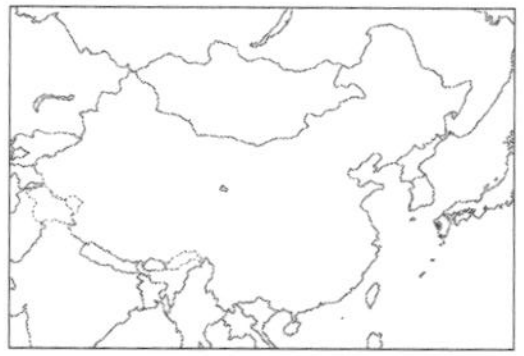

正式名称は（1　　　　　）です。首都は（2　　　　）で，人口は約14億1,500万人もおり世界第（3　　　）です。面積は約963万㎢でロシア，カナダ，アメリカにつぎ世界第4位です。

❷ 国旗

紀元前に建国された歴史の古い国です。王朝による政治（元や明，清など）が続きましたが（4　　　　）が続き，現在の国の形ができあがりました。国旗の赤色は（4 ）を表します。

❸ 歴史

中国は文明が栄えた国で日本にも多くのものが伝わりました。漢方薬，中華料理，食事をする箸や，普段使っている（5　　　　　）も中国から伝わったもので，文化や生活習慣が似ています。

❹ 産業

沿岸地域は工業が盛んで特に（6　　　　　）には世界中の企業が進出しています。港はコンテナの取扱量で1位です。多くの資源と労働力で発展し世界（7　　　　　）の経済大国になりました。

❺ 経済

中国はいくつかの都市を税金や貿易などで優遇（ゆうぐう）される，（8　　　　　）として，多くの外国の企業を進出させ経済を発展させました。日本企業も多く進出し，現在最大の貿易相手国です。

❻ 文化・民族

中国は京劇と呼ばれる伝統的な古典劇が有名です。また9割の漢民族の他に50以上の（9　　　　　）がおり，それぞれ言葉や文化，習慣などくらしぶりが違うのも特徴です。

❼ スポーツ

2008年には（10　　　　　）で中国初の五輪が開催されました。また2010年には上海で万国博覧会も開かれ，国内の開発がさらに進められています。2022年には冬季五輪も開催されます。

❽ 年中行事

中国の伝統的な行事である（11　　　　　）は日本のお正月にあたります。お祝いに爆竹を鳴らしたり，帰省したりします。富裕層は日本にも訪れ，多くの買い物をするようになりました。

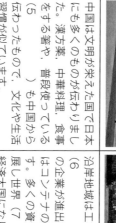

❾ 世界遺産

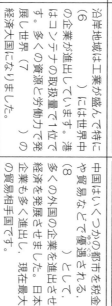

中国北部にある2万 km もあったと言われる長く連なった人工壁（12　　　　　）は中国を代表する世界遺産で世界中から多くの観光客が訪れます。現存する城壁（じょうへき）は約6,000km にもおよびます。

❿ チャレンジ

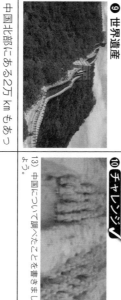

13）中国について調べたことを書きましょう。

ヒント　漢字／上海／北京／経済特区／中華人民共和国／民族／北京／春節／万里の長城／2位／1位／革命

中国まるわかりワーク

中国の人々の生活などに着目して，日本の文化や習慣との違いを考えよう

解答 A

❶ 中国

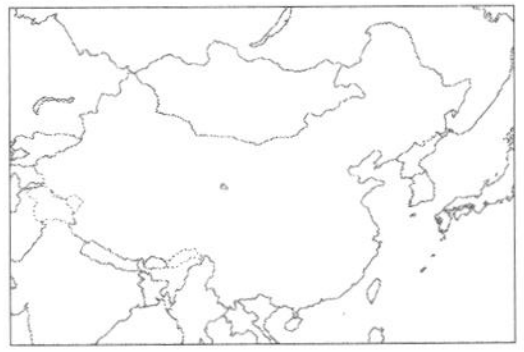

正式名称は（1 **中華人民共和国**）です。首都は（2 **北京**）で，人口は約14億1,500万人もおり世界第（3 **1位**）です。面積は約963万㎢でロシア，カナダ，アメリカにつぎ世界第4位です。

❷ 国旗

紀元前に建国された歴史の古い国です。王朝による政治（元や明，清など）が続きましたが（4 **革命**）が続き，現在の国の形ができあがりました。国旗の赤色は（4）を表します。

❸ 歴史

中国は文明が栄えた国で日本にも多くのものが伝わりました。漢方薬，中華料理，食事をする箸や，普段使っている（5 **漢字**）も中国から伝わったもので，文化や生活習慣が似ています。

❹ 産業

沿岸地域は工業が盛んで特に（6 **上海**）には世界中の企業が進出しています。港はコンテナの取扱量で1位です。多くの資源と労働力で発展し世界（7 **2位**）の経済大国になりました。

❺ 経済

中国はいくつかの都市を税金や貿易などで優遇（ゆうぐう）される，（8 **経済特区**）として，多くの外国の企業を進出させ経済を発展させました。日本企業も多く進出し，現在最大の貿易相手国です。

❻ 文化・民族

中国は京劇と呼ばれる伝統的な古典劇が有名です。また9割の漢民族の他に50以上の（9 **民族**）がおり，それぞれ言葉や文化，習慣などくらしぶりが違うのも特徴です。

❼ スポーツ

2008年には（10 **北京**）で中国初の五輪が開催されました。また2010年には上海で万国博覧会も開かれ，国内の開発がさらに進められています。2022年には冬季五輪も開催されます。

❽ 年中行事

中国の伝統的な行事である（11 **春節**）は日本のお正月にあたります。お祝いに爆竹を鳴らしたり，帰省したりします。富裕層は日本にも訪れ，多くの買い物をするようになりました。

❾ 世界遺産

中国北部にある2万 km もあったと言われる長く連なった人工壁（12 **万里の長城**）は中国を代表する世界遺産で世界中から多くの観光客が訪れます。現存する城壁（じょうへき）は約6,000km にもおよびます。

❿ チャレンジ

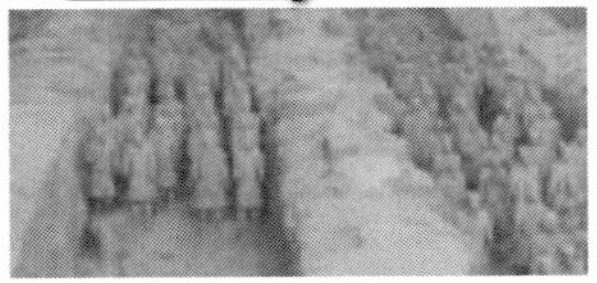

13）中国について調べたことを書きましょう。

中国では人口の増加をおさえるために一組の夫婦が産み育てる子どもについて，一人までを推奨する「一人っ子政策」を2015年まで行っていた。

知っ得！ 中国と呼ばれるようになったのは1912年に「中華民国」となったときで，現在の中国「中華人民共和国」として戦後に体制が変わったもので，中華民国は現在の台湾をさします。

6年社会科ワークNo.31（日本とつながりの深い国）

サウジアラビアまるわかりワーク

サウジアラビアの人々の生活などに着目して，日本の文化や習慣との違いを考えよう

名前

❶ サウジアラビア

正式名称は（1　　　　　　）です。首都は（2　　　　　）で，人口は約3,400万人です。面積は約215万㎢で，国土の大部分に（3　　　）が広がっています。主な言語はアラビア語です。

❷ 国旗

国旗の緑は国教の（4　　　）教を意味しており，アラビア語の文字は聖典である（5　　　　　）の一節でアッラーの他に神はなくムハンマドは神の使徒であると書かれています。

❸ 宗教

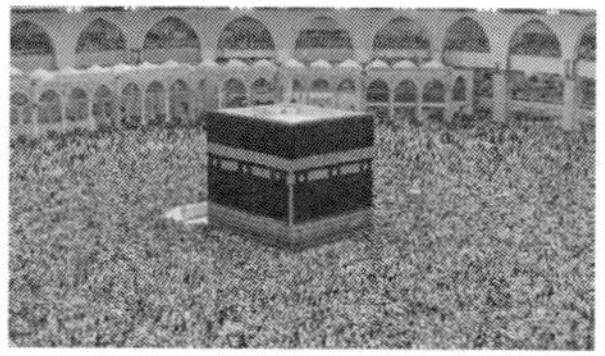

サウジアラビアには（4 ）教の聖地（6　　　　　）があり教徒は1日に5回，聖地メッカに向かって祈りをささげます。礼拝所のことをモスクと呼び大巡礼のときには5日間で300万人が集まります。

❹ 宗教文化

（4 ）教では（7　　　　　）が家族以外の男性と接することは制限され，外出するときは顔や体を覆うアバヤと呼ばれる伝統的民族衣装を身に着けます。最近では女性の権利が見直されています。

❺ 経済

サウジアラビアの輸出の約90%が（8　　　　）に関連したものです。得たお金が国家の収入で，国民からは消費税しかとらず医療費や教育費を無料にするなど福祉を充実させています。

❻ 文化・民族

サウジアラビアなどの中東では（9　　　　　）によるレースが盛んです。（9 ）は酷暑や乾燥に強い動物で中東やアフリカなどの砂漠地帯では移動手段として古くから利用されてきました。

❼ スポーツ

サウジアラビアでは近隣の中東諸国同様（10　　　　）が盛んです。小学校でもサッカーは人気で男子は体育でも行いますが，女子には体育の授業がなく，男子と女子は別々に勉強します。

❽ 年中行事

イスラムの暦の9月の1ヶ月間は（11　　　　　）といって日の出から日没まで飲食をしない断食のつとめがあります。小さな子どもや病人などは行わなくてもよいことになっています。

❾ 世界遺産

サウジアラビアには4つの世界遺産があります。紀元前1世紀から1世紀に栄えたナバタイ人の都市遺跡を（12　　　　　　）と言います。

❿ チャレンジ

13）サウジアラビアについて調べたことを書きましょう。

ヒント　サッカー／リヤド／マダイン・サーレハ／コーラン／メッカ／らくだ／イスラム／ラマダーン／サウジアラビア王国／砂漠／女性／石油

サウジアラビアまるわかりワーク

サウジアラビアの人々の生活などに着目して，日本の文化や習慣との違いを考えよう

解答A

❶ サウジアラビア

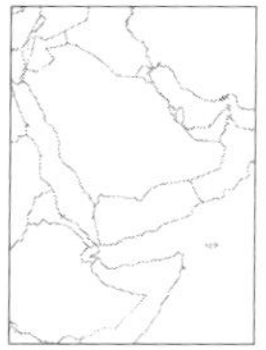

正式名称は（1 **サウジアラビア王国**）です。首都は（2 **リヤド**）で，人口は約3,400万人です。面積は約215万㎢で，国土の大部分に（3 **砂漠**）が広がっています。主な言語はアラビア語です。

❷ 国旗

国旗の緑は国教の（4 **イスラム**）教を意味しており，アラビア語の文字は聖典である（5 **コーラン**）の一節でアッラーの他に神はなくムハンマドは神の使徒であると書かれています。

❸ 宗教

サウジアラビアには（4）教の聖地（6 **メッカ**）があり教徒は1日に5回，聖地メッカに向かって祈りをささげます。礼拝所のことをモスクと呼び大巡礼（だいじゅんれい）のときには5日間で300万人が集まります。

❹ 宗教文化

（4）教では（7 **女性**）が家族以外の男性と接することは制限され，外出するときは顔や体を覆（おお）うアバヤと呼ばれる伝統的民族衣装を身に着けます。最近では女性の権利が見直されています。

❺ 経済

サウジアラビアの輸出の約90%が（8 **石油**）に関連したものです。得たお金が国家の収入で，国民からは消費税しかとらず医療費や教育費を無料にするなど福祉を充実させています。

❻ 文化・民族

サウジアラビアなどの中東では（9 **らくだ**）によるレースが盛んです。（9）は酷暑（こくしょ）や乾燥（かんそう）に強い動物で中東やアフリカなどの砂漠（さばく）地帯では移動手段として古くから利用されてきました。

❼ スポーツ

サウジアラビアでは近隣の中東諸国同様（10 **サッカー**）が盛んです。小学校でもサッカーは人気で男子は体育でも行いますが，女子には体育の授業がなく，男子と女子は別々に勉強します。

❽ 年中行事

イスラムの暦（こよみ）の9月の1ヶ月間は（11 **ラマダーン**）といって日の出から日没まで飲食をしない断食のつとめがあります。小さな子どもや病人などは行わなくてもよいことになっています。

❾ 世界遺産

サウジアラビアには4つの世界遺産があります。紀元前1世紀から1世紀に栄えたナバタイ人の都市遺跡を（12 **マダイン・サーレハ**）と言います。

❿ チャレンジ✓

13）サウジアラビアについて調べたことを書きましょう。

サウジアラビアでは食事をするときは左手を使わない。またイスラムの教えでお酒を飲まず，豚肉を食べることは禁じられている。

知っ得！ サウジアラビアの水道水の大半は海水を工場で淡水にして供給しています。乾燥した気候で川もあまりなく，地下水も乏しく水資源が不足しています。

韓国まるわかりワーク

韓国の人々の生活などに着目して，日本の文化や習慣との違いを考えよう

名前

❶ 韓国

正式名称は（1　　　　　　）です。首都は（2　　　　　）で，人口は約5,100万人で，面積は約10万㎢です。北緯（3　　　）度付近に朝鮮戦争のときにできた北朝鮮との軍事境界線があります。

❷ 国旗

国旗の円の赤は（4　　　　），青は陰，白地は平和を愛する心を意味します。四隅の印は天・地・火・水を表します。また韓国では第4代王のセジョンの（5　　　　　　）文字を使います。

❸ 宗教

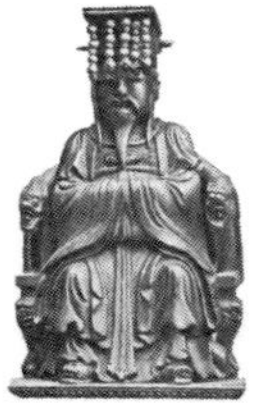

（6　　　　　）は孔子を始祖とする信仰で，韓国に根づいています。上下関係や伝統などを重視し，家族や国をとても大切にします。日本には4～5世紀にかけて伝わりました。

❹ 産業

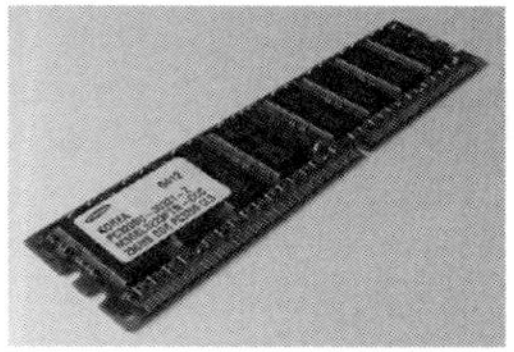

韓国では日本の後に高度経済成長をとげ，1988年に（2 ）オリンピックを開催しました。造船や自動車の他，サムスン電子が製造する（7　　　　　）産業が盛んです。

❺ 教育

韓国の学校では英語と（8　　　　　　　　）が重視されています。また，インターネットの利用が盛んで様々な場面で活用されています。普及率は95%を超えています。

❻ 文化・民族

韓国では（9　　　　　　）と呼ばれる民族衣装や行事などの伝統が受け継がれ，食べ物では（10　　　　）が有名です。また（11　　　　）と呼ばれる床下暖房が普及しています。

❼ スポーツ

野球やサッカー，カーリングなど多くのスポーツが盛んです。オリンピック種目にもなった（12　　　　　　）は国技です。サッカーでは日本と共同でワールドカップも開催しました。

❽ 年中行事

韓国でも中国と同じように旧正月に新年を祝い，これを（13　　　　　　）と呼びます。この日は家族が集まり伝統的な衣装で，伝統的な食事や遊びをして先祖を敬います。

❾ 世界遺産

韓国には14の世界遺産がありますが唯一の自然遺産が（14　　　　　　）の火山島と溶岩洞窟（どうくつ）群です。（14 ）島では海女の文化があり日本と共通しています。また人気の観光地です。

❿ チャレンジ

15）韓国について調べたことを書きましょう。

ヒント　儒教／半導体／ソウル／ハングル／チェジュ／大韓民国／コンピュータ／チマチョゴリ／陽／オンドル／テコンドー／ソルラル／38／キムチ

韓国まるわかりワーク

韓国の人々の生活などに着目して，日本の文化や習慣との違いを考えよう

解答A

❶ 韓国

正式名称は（1 **大韓民国**　）です。首都は（2 **ソウル**　）で，人口は約5,100万人で，面積は約10万km²です。北緯（3 38　）度付近に朝鮮戦争のときにできた北朝鮮との軍事境界線があります。

❷ 国旗

国旗の円の赤は（4 **陽**　　），青は陰，白地は平和を愛する心を意味します。四隅の印は天・地・火・水を表します。また韓国では第4代王のセジョンの（5 **ハングル**　）文字を使います。

❸ 宗教

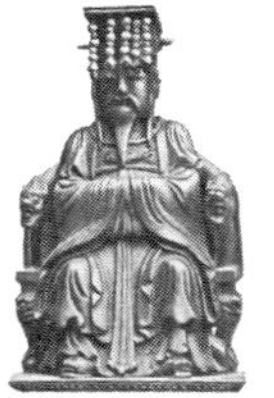

（6 **儒教**　　）は孔子を始祖とする信仰で，韓国に根づいています。上下関係や伝統などを重視し，家族や国をとても大切にします。日本には4～5世紀にかけて伝わりました。

❹ 産業

韓国では日本の後に高度経済成長をとげ，1988年に（2 ）オリンピックを開催しました。造船や自動車の他，サムスン電子が製造する（7 **半導体**　）産業が盛んです。

❺ 教育

韓国の学校では英語と（8 **コンピュータ**　　　）が重視されています。また，インターネットの利用が盛んで様々な場面で活用されています。普及率は95%を超えています。

❻ 文化・民族

韓国では（9 **チマチョゴリ**　）と呼ばれる民族衣装や行事などの伝統が受け継がれ，食べ物では（10 **キムチ**　）が有名です。また（11 **オンドル**　）と呼ばれる床下暖房が普及しています。

❼ スポーツ

野球やサッカー，カーリングなど多くのスポーツが盛んです。オリンピック種目にもなった（12 **テコンドー**　　　）は国技です。サッカーでは日本と共同でワールドカップも開催しました。

❽ 年中行事

韓国でも中国と同じように旧正月に新年を祝い，これを（13 **ソルラル**　　）と呼びます。この日は家族が集まり伝統的な衣装で，伝統的な食事や遊びをして先祖を敬います。

❾ 世界遺産

韓国には14の世界遺産がありますが唯一の自然遺産が（14 **チェジュ**　　）の火山島と溶岩洞窟（どうくつ）群です。（14 ）島では海女の文化があり日本と共通しています。また人気の観光地です。

❿ チャレンジ

15）韓国について調べたことを書きましょう。

韓国ではハンジュンマクと呼ばれる伝統的なサウナが盛んで，仕事帰りなどにサウナによる健康法が親しまれている。

知っ得！ 韓国と北朝鮮はもともとは同じ国の民族です。しかし，第二次世界対戦後に北側をソ連が，南側をアメリカが占領したことで分断されてしまいました。

ブラジルまるわかりワーク

ブラジルの人々の生活などに着目して，日本の文化や習慣との違いを考えよう

名前

❶ ブラジル

正式名称は（1　　　　　　）です。首都は（2　　　　　　）で，人口は約2億1,000万人です。面積は約850万km²で，世界第（3　　）位であり日本の約22倍もの広さがあります。

❷ 国旗

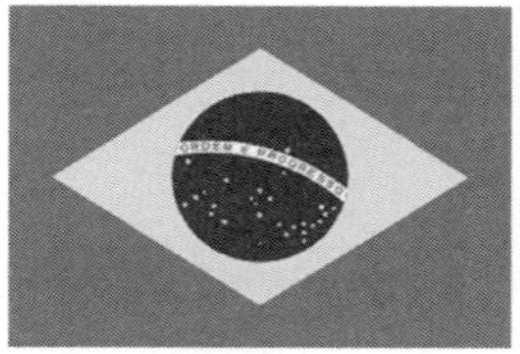

国旗の緑はブラジルの（4　　），黄色は金・鉱物資源，白は平和，青はブラジルの空を表します。中央の（5　　　　）語は「秩序（ちつじょ）と進歩」という意味で周りの星は州を表しています。

❸ 宗教

ブラジルは国民の7割近くが（6　　　　　）教のカトリックの信者です。世界で最も多く1億1,240万人にも上ります。（7　　　　　　）には高さ約40mの大きな（6　）像が立っています。

❹ 産業

ブラジルは鉄鉱石などの豊かな鉱物資源，（8　　　　）豆，大豆，さとうきびなどの農産物にめぐまれています。（8　）豆は世界最大の生産地で60億本の木が栽培されています。

❺ 教育

ブラジルの学校は小学校と中学校が分かれておらず6歳（さい）で入学して14歳で卒業します。授業は半日で午前の部と午後の部を選んで登校します。進級は（9　　　）月で12月が修了です。

❻ 文化・民族

先住民がいましたが16世紀以降にヨーロッパから多くの人が移り，アフリカからは多くの人が奴隷（どれい）として連れられました。アジアからも移住がありブラジルは（10　　　　）国家です。

❼ スポーツ

ブラジルで最も人気のあるスポーツは（11　　　　　）です。男女関係なく盛んに行われ，優秀なプロサッカー選手が育っています。ワールドカップで世界最多の5回優勝しています。

❽ 食文化

黒豆や豚肉，牛肉とを一緒に煮込んだ料理を（12　　　　　　）と呼びます。アフリカから奴隷として連れてこられた人たちの食事がルーツとも言われています。

❾ 年中行事

ブラジルの（13　　　　　　）で行われるカーニバルはキリスト教のお祭りで，世界中から100万人の観光客が集まります。アフリカの奴隷がもたらした（14　　　　　　）のダンスで踊（おど）ります。

❿ チャレンジ✓

15）ブラジルに日系人が多く存在する理由は何ですか？

ヒント　森林／キリスト／ブラジリア／5／フェジョアーダ／ブラジル連邦共和国／リオデジャネイロ／サンバ／多民族／サッカー／ポルトガル／リオ／2／コーヒー

ブラジルまるわかりワーク

ブラジルの人々の生活などに着目して，日本の文化や習慣との違いを考えよう

解答A

❶ ブラジル

正式名称は（1 **ブラジル連邦共和国**　　）です。首都は（2 **ブラジリア**　　）で，人口は約2億1,000万人です。面積は約850万㎢で，世界第（3 **5**　）位であり日本の約22倍もの広さがあります。

❷ 国旗

国旗の緑はブラジルの（4 **森林**　），黄色は金・鉱物資源，白は平和，青はブラジルの空を表します。中央の（5 **ポルトガル**　）語は「秩序（ちつじょ）と進歩」という意味で周りの星は州を表しています。

❸ 宗教

ブラジルは国民の7割近くが（6 **キリスト**　）教のカトリックの信者です。世界で最も多く1億1,240万人にも上ります。（7 **リオデジャネイロ**　）には高さ約40mの大きな（6　）像が立っています。

❹ 産業

ブラジルは鉄鉱石などの豊かな鉱物資源，（8 **コーヒー**　）豆，大豆，さとうきびなどの農産物にめぐまれています。（8　）豆は世界最大の生産地で60億本の木が栽培されています。

❺ 教育

ブラジルの学校は小学校と中学校が分かれておらず6歳（さい）で入学して14歳で卒業します。授業は半日で午前の部と午後の部を選んで登校します。進級は（9 **2**　　）月で12月が修了です。

❻ 文化・民族

先住民がいましたが16世紀以降にヨーロッパから多くの人が移り，アフリカからは多くの人が奴隷（どれい）として連れられました。アジアからも移住がありブラジルは（10 **多民族**　）国家です。

❼ スポーツ

ブラジルで最も人気のあるスポーツは（11 **サッカー**　）です。男女関係なく盛んに行われ，優秀なプロサッカー選手が育っています。ワールドカップで世界最多の5回優勝しています。

❽ 食文化

黒豆や豚肉，牛肉とを一緒に煮込んだ料理を（12 **フェジョアーダ**　　）と呼びます。アフリカから奴隷として連れてこられた人たちの食事がルーツとも言われています。

❾ 年中行事

ブラジルの（13 **リオ**　　）で行われるカーニバルはキリスト教のお祭りで，世界中から100万人の観光客が集まります。アフリカの奴隷がもたらした（14 **サンバ**　　）のダンスで踊（おど）ります。

❿ チャレンジ

15）ブラジルに日系人が多く存在する理由は何ですか？

今から100年ほど前に，日露戦争後の不景気や国の後押しにより，労働力を必要としていたブラジルに約13万人の日本人が移住したから。

知っ得！　ブラジルは日本の裏側にある国で飛行機で25時間かかります。時差は12時間前後で，日本の時間から大体12時間引くとブラジル時間です。

国際連合まるわかりワーク

世界の課題の解決に向けた連携・協力に着目し，国際連合や我が国の国際協力を考えよう

名前

❶ 考えよう？

2001年9月11日にアメリカニューヨークで世界貿易センタービルがハイジャックされた航空機によって衝突されるなどという大きな（1　　　）が同時に起こりました。

❷ 考えよう？

アフガニスタンやパレスチナなど国内の内戦から他国が参加しての（2　　　　）が現在でも各地で起きており，空爆や細菌兵器といった危険な兵器が使われ多くの犠牲者がいます。

❸ 考えよう？

世界には病気や栄養不足のために命を落とす子どもや学校に通うことができない子ども，家がなく路上で生活する子ども，戦争で家族を失った子どもがおり，これを（3　　　）問題と呼びます。

❹ 考えよう？

世界各地では（4　　　）の影響で豪雨（ごうう）や（5　　　）などの被害が広がっています。（5 ）による砂漠化も深刻です。氷河がとけて海水面が上昇したため水没の危機となっている地域もあります。

❺ 考えよう？

政治上や宗教上の理由によって迫害を受けたり，紛争（ふんそう）や環境の悪化によって生命の危険を感じ，他国へ逃れた人々を（6　　　　）と言います。世界全体で7,000万人もいます。

❻ 覚えよう！

（7　　　　　　）は世界の平和と安全を守り，人々のくらしをよりよくするために誕生しました。世界の約200国のうち193ヵ国が加盟しています。米・英・仏・露・中が（8　　　　　　）です。

❼ 覚えよう！

世界で起きている様々な問題を解決するために国連では戦争や紛争について予防や調停，（9　　　　）などが行われ，日本の（10　　　　　）も国連平和維持活動（PKO）として派遣（はけん）されています。

❽ 覚えよう！

国連にはユネスコやWHOなど目的に応じた多くの国連機関があります。世界の困難な状況にある子どもたちを守るために（11　　　　　）では募金を呼びかけ子どもたちのために使っています。

❾ 覚えよう！

日本政府は開発途上国に資金の援助を行ったり，希望する人材を派遣したりする（12　　　）を行っています。また政府とは別に民間団体（13　　　）も国際協力を行っています。

❿ チャレンジ✓

14）文化やスポーツの分野でも世界と交流していくことが大切です。自国での国際大会ではどんな大会にしたいですか。

ヒント ODA／NGO／地球温暖化／難民／テロ／国際連合／国際紛争／復興支援／貧困／ユニセフ／干ばつ／常任理事国／自衛隊

国際連合まるわかりワーク

世界の課題の解決に向けた連携・協力に着目し，国際連合や我が国の国際協力を考えよう

解答A

❶考えよう？

2001年9月11日にアメリカニューヨークで世界貿易センタービルがハイジャックされた航空機によって衝突されるなどという大きな（1 **テロ**　）が同時に起こりました。

❷考えよう？

アフガニスタンやパレスチナなど国内の内戦から他国が参加しての（2 **国際紛争**　）が現在でも各地で起きており，空爆や細菌兵器といった危険な兵器が使われ多くの犠牲者がいます。

❸考えよう？

世界には病気や栄養不足のために命を落とす子どもや学校に通うことができない子ども，家がなく路上で生活する子ども，戦争で家族を失った子どもがおり，これを（3 **貧困**　）問題と呼びます。

❹考えよう？

世界各地では（4 **地球温暖化**　）の影響で豪雨や（5 **干ばつ**　）などの被害が広がっています。（5 ）による砂漠化も深刻です。氷河がとけて海水面が上昇したため水没の危機となっている地域もあります。

❺考えよう？

政治上や宗教上の理由によって迫害を受けたり，紛争や環境の悪化によって生命の危険を感じ，他国へ逃れた人々を（6 **難民**　）と言います。世界全体で7,000万人もいます。

❻覚えよう！

（7 **国際連合**　）は世界の平和と安全を守り，人々のくらしをよりよくするために誕生しました。世界の約200国のうち193ヵ国が加盟しています。米・英・仏・露・中が（8 **常任理事国**　）です。

❼覚えよう！

世界で起きている様々な問題を解決するために国連では戦争や紛争について予防や調停，（9 **復興支援**　）などが行われ，日本の（10 **自衛隊**　）も国連平和維持活動（PKO）として派遣されています。

❽覚えよう！

国連にはユネスコやWHOなど目的に応じた多くの国連機関があります。世界の困難な状況にある子どもたちを守るために（11 **ユニセフ**　）では募金を呼びかけ子どもたちのために使っています。

❾覚えよう！

日本政府は開発途上国に資金の援助を行ったり，希望する人材を派遣したりする（12 **ODA**　）を行っています。また政府とは別に民間団体（13 **NGO**　）も国際協力を行っています。

❿チャレンジ✓

14）文化やスポーツの分野でも世界と交流していくことが大切です。自国での国際大会ではどんな大会にしたいですか。

世界の国々が集まって，互いの文化や習慣を尊重したり，環境にやさしい国際大会にして世界の人々に関心を持ってもらえるようにしたい。

知っ得！ 現在国連では「持続可能な開発目標」が採択され，貧困，不平等，気候変動などの解決を目指した17の項目について世界で取り組むことを目標にしています。

●国際連合主要６機関

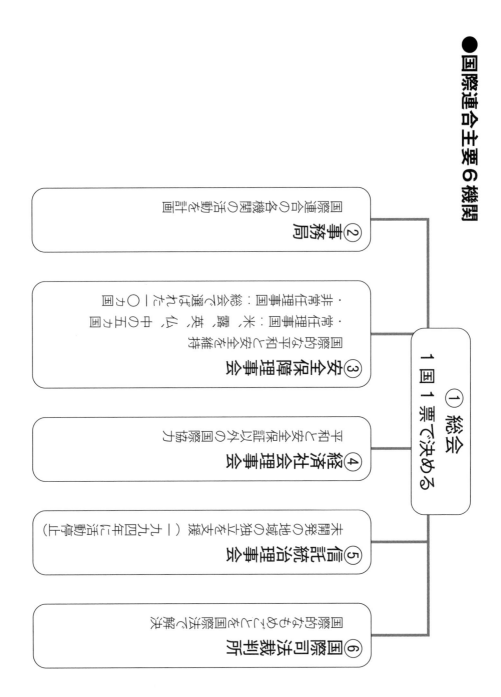

① 総会
１国１票で決める

②事務局
国際連合の各機関の活動を計画

③安全保障理事会
国際的な平和と安全を維持
・常任理事国：米、露、英、仏、中の五ヵ国
・非常任理事国：総会で選ばれた一〇ヵ国

④経済社会理事会
平和と安全保証以外の国際協力

⑤信託統治理事会
未開発の地域の独立を支援（一九九四年に活動停止）

⑥国際司法裁判所
国際的なもめごとを国際法で解決

第４章

人物編

新学習指導要領で明示されている42の歴史上の人物は
前回のものと変更はありません。

6年社会科ワークNo.35（弥生～平安）

重要人物まるわかりワーク①

人物の働きに着目して，歴史の展開を考えよう

名前

❶（　　　　　　　　）

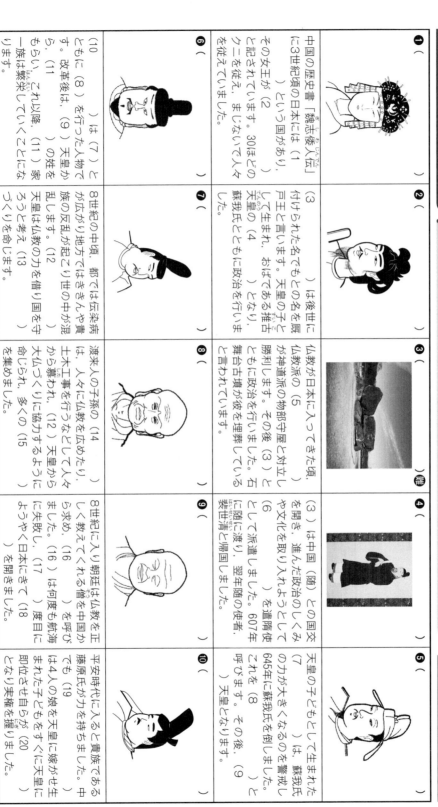

中国の歴史書「魏志倭人伝」に3世紀頃の日本には（1　　　　　）という国があり，その女王が（2　　　　　）と記されています。30ほどのクニを従え，まじないで人々を従えていました。

❷（　　　　　　　　）

（3　　　　　　）は後世に付けられた名でもとの名を厩戸王と言います。天皇の子として生まれ，おばである推古天皇の（4　　　　）となり，蘇我氏とともに政治を行いました。

❸（　　　　　　　　）難

仏教が日本に入ってきた頃，仏教派の（5　　　　　）が神道派の物部守屋と対立し勝利します。その後（3）とともに政治を行いました。石舞台古墳が彼を埋葬していると言われています。

❹（　　　　　　　　）

（3）は中国（随）との国交を開き，進んだ政治のしくみや文化を取り入れようとして（6　　　　　）を遣隋使として派遣しました。607年に随に渡り，翌年随の使者，裴世清と帰国しました。

❺（　　　　　　　　）

天皇の子どもとして生まれた（7　　　　　）は，蘇我氏の力が大きくなるのを警戒し645年に蘇我氏を倒しました。これを（8　　　　　）と呼びます。その後，（9　　　　）天皇となります。

❻（　　　　　　　　）

（10　　　　　）は（7）とともに（8）を行った人物です。改革後は，（9）天皇から，（11　　　　）の姓をもらい，これ以降，（11）家一族は繁栄していくことになります。

❼（　　　　　　　　）

8世紀の中頃，都では伝染病が広がり地方ではききんや貴族の反乱が起こり世の中が混乱します。（12　　　　　）天皇は仏教の力を借り国を守ろうと考え（13　　　　　）づくりを命じます。

❽（　　　　　　　　）

渡来人の子孫の（14　　　　）は，人々に仏教を広めたり，土木工事を行うなどして人々から慕われ，（12）天皇から大仏づくりに協力するように命じられ，多くの（15　　　　）を集めました。

❾（　　　　　　　　）

8世紀に入り朝廷は仏教を正しく教えてくれる僧を中国から求め，（16　　　　）を呼びました。（16）は何度も航海に失敗し，（17　　　）度目にようやく日本にきて（18　　　　）を開きました。

❿（　　　　　　　　）

平安時代に入ると貴族である藤原氏が力を持ちました。中でも（19　　　　　）は4人の娘を天皇に嫁がせ生まれた子どもをすぐに天皇に即位させ自らが（20　　　　）となり実権を握りました。

ヒント　鑑真／大化の改新／卑弥呼／中大兄皇子／天智／人々／中臣鎌足／唐招提寺／藤原／聖武／大仏／小野妹子／邪馬台国／6／藤原道長／摂政／聖徳太子／行基／蘇我馬子／摂政

重要人物まるわかりワーク①

人物の働きに着目して，歴史の展開を考えよう

解答 A

❶（　卑弥呼　）

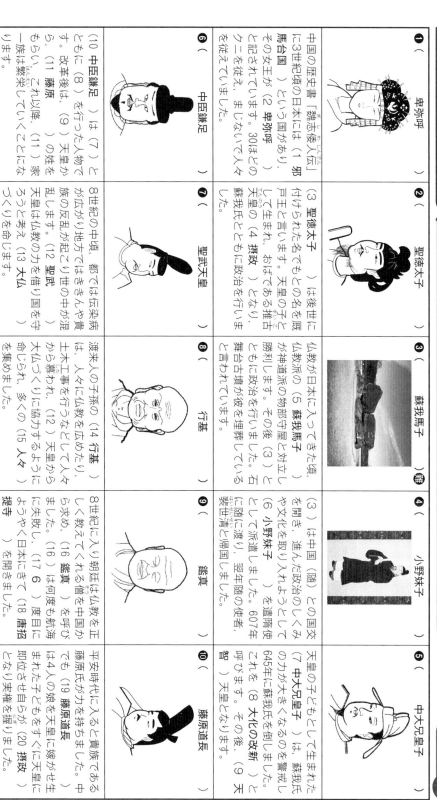

中国の歴史書「魏志倭人伝」に3世紀頃の日本には（1 **邪馬台国**　）という国があり，その女王が（2 **卑弥呼**　）と記されています。30ほどのクニを従え，まじないで人々を従えていました。

❷（　聖徳太子　）

（3 **聖徳太子**　）は後世に付けられた名でもとの名を厩戸王と言います。天皇の子として生まれ，おばである推古天皇の（4 **摂政**　）となり，蘇我氏とともに政治を行いました。

❸（　蘇我馬子　）難

仏教が日本に入ってきた頃，仏教派の（5 **蘇我馬子**　）が神道派の物部守屋と対立し勝利します。その後（3 ）とともに政治を行いました。石舞台古墳が彼を埋葬していると言われています。

❹（　小野妹子　）

（3 ）は中国（随）との国交を開き，進んだ政治のしくみや文化を取り入れようとして（6 **小野妹子**　）を遣隋使として派遣しました。607年に随に渡り，翌年随の使者，裴世清と帰国しました。

❺（　中大兄皇子　）

天皇の子どもとして生まれた（7 **中大兄皇子**　）は，蘇我氏の力が大きくなるのを警戒し645年に蘇我氏を倒しました。これを（8 **大化の改新**　）と呼びます。その後，（9 **天智**　）天皇となります。

❻（　中臣鎌足　）

（10 **中臣鎌足**　）は（7 ）とともに（8 ）を行った人物です。改革後は，（9 ）天皇から，（11 **藤原**　）の姓をもらい，これ以降，（11 ）家一族は繁栄していくことになります。

❼（　聖武天皇　）

8世紀の中頃，都では伝染病が広がり地方ではききんや貴族の反乱が起こり世の中が混乱します。（12 **聖武**　）天皇は仏教の力を借り国を守ろうと考え（13 **大仏**　）づくりを命じます。

❽（　行基　）

渡来人の子孫の（14 **行基**　）は，人々に仏教を広めたり，土木工事を行うなどして人々から慕われ，（12 ）天皇から大仏づくりに協力するように命じられ，多くの（15 **人々**　）を集めました。

❾（　鑑真　）

8世紀に入り朝廷は仏教を正しく教えてくれる僧を中国から求め，（16 **鑑真**　）を呼びました。（16 ）は何度も航海に失敗し，（17 **6**　）度目にようやく日本にきて（18 **唐招提寺**　）を開きました。

❿（　藤原道長　）

平安時代に入ると貴族である藤原氏が力を持ちました。中でも（19 **藤原道長**　）は4人の娘を天皇に嫁がせ生まれた子どもをすぐに天皇に即位させ自らが（20 **摂政**　）となり実権を握りました。

知っ得！ 聖徳太子は随へ派遣した小野妹子からの報告をきっかけに，役人に箸で食事をするように命じたと言われています。

6年社会科ワークNo.36（平安～室町）

重要人物まるわかりワーク②

人物の働きに着目して，歴史の展開を考えよう

名前

❶（　　　　　　　　）

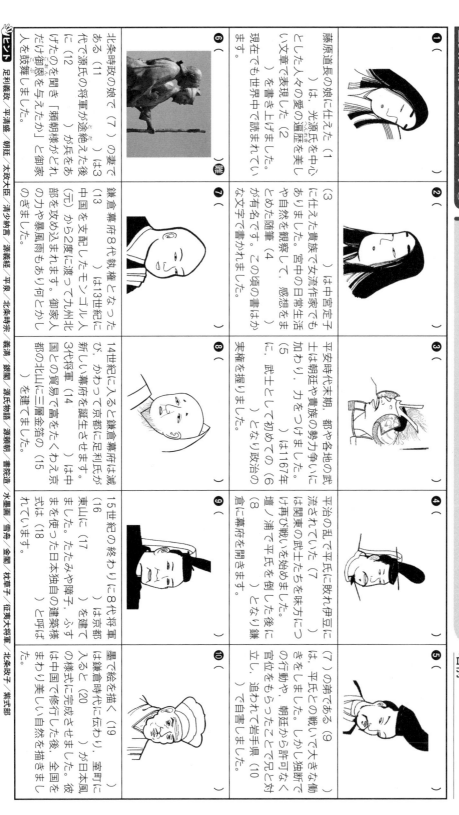

藤原道長の娘に仕えた（1　　　　　）は，光源氏を中心とした人々の愛の遍歴を美しい文章で表現した（2　　　　　）を書き上げました。現在でも世界中で読まれています。

❷（　　　　　　　　）

（3　　　　　）は中宮定子に仕えた貴族で女流作家でもありました。宮中の日常生活や自然を観察して，感想をまとめた随筆（4　　　　　）が有名です。この頃の書はかな文字で書かれました。

❸（　　　　　　　　）

平安時代末期，都や各地の武士は朝廷や貴族の勢力争いに加わり，力をつけました。（5　　　　　）は1167年に，武士として初めての（6　　　　　）となり政治の実権を握りました。

❹（　　　　　　　　）

平治の乱で平氏に敗れ伊豆に流されていた（7　　　　　）は関東の武士たちを味方につけ再び戦いを始めました。壇ノ浦で平氏を倒した後に（8　　　　　）となり鎌倉に幕府を開きます。

❺（　　　　　　　　）

（7 ）の弟である（9　　　　　）は，平氏との戦いで大きな働きをしました。しかし独断での行動や，朝廷から許可なく官位をもらったことで兄と対立し，追われて岩手県（10　　　　　）で自害しました。

❻（　　　　　　　　）難

北条時政の娘で（7 ）の妻である（11　　　　　）は3代で源氏の将軍が途絶えた後に（12　　　　　）が兵をあげたのを聞き「頼朝様がどれだけ御恩を与えたか」と御家人を鼓舞しました。

❼（　　　　　　　　）

鎌倉幕府8代執権となった（13　　　　　）は13世紀に中国を支配したモンゴル人（元）から2度に渡って九州北部を攻め込まれます。御家人の力や暴風雨もあり何とかしのぎました。

❽（　　　　　　　　）

14世紀に入ると鎌倉幕府は滅び，かわって京都に足利氏が新しい幕府を誕生させます。3代将軍（14　　　　　）は中国との貿易で富をたくわえ京都の北山に三層金箔の（15　　　　　）を建てました。

❾（　　　　　　　　）

15世紀の終わりに8代将軍（16　　　　　）は京都東山に（17　　　　　）を建てました。たたみや障子，ふすまを使った日本独自の建築様式は（18　　　　　）と呼ばれています。

❿（　　　　　　　　）

墨で絵を描く（19　　　　　）は鎌倉時代に伝わり，室町に入ると（20　　　　　）が日本風の様式に完成させました。彼は中国で修行した後，全国をまわり美しい自然を描きました。

ヒント 足利義政／平清盛／朝廷／太政大臣／清少納言／源義経／平泉／北条時宗／義満／銀閣／源氏物語／源頼朝／書院造／水墨画／雪舟／金閣／枕草子／征夷大将軍／北条政子／紫式部

重要人物まるわかりワーク②

人物の働きに着目して，歴史の展開を考えよう

解答A

❶（　紫式部　）

藤原道長の娘に仕えた（1 **紫式部**　）は，光源氏を中心とした人々の愛の遍歴（へんれき）を美しい文章で表現した（2 **源氏物語**　）を書き上げました。現在でも世界中で読まれています。

❷（　清少納言　）

（3 **清少納言**　）は中宮定子に仕えた貴族で女流作家でもありました。宮中の日常生活や自然を観察して，感想をまとめた随筆（4 **枕草子**　）が有名です。この頃の書はかな文字で書かれました。

❸（　平清盛　）

平安時代末期，都や各地の武士は朝廷や貴族の勢力争いに加わり，力をつけました。（5 **平清盛**　）は1167年に，武士として初めての（6 **太政大臣**　）となり政治の実権を握りました。

❹（　源頼朝　）

平治の乱で平氏に敗れ伊豆に流されていた（7 **源頼朝**　）は関東の武士たちを味方につけ再び戦いを始めました。壇ノ浦で平氏を倒した後に（8 **征夷大将軍**　）となり鎌倉に幕府を開きます。

❺（　源義経　）

（7 ）の弟である（9 **源義経**　）は，平氏との戦いで大きな働きをしました。しかし独断での行動や，朝廷から許可なく官位をもらったことで兄と対立し，追われて岩手県（10 **平泉**　）で自害しました。

❻（　北条政子　）難

北条時政の娘で（7 ）の妻である（11 **北条政子**　）は3代で源氏の将軍が途絶（とだ）えた後に（12 **朝廷**　）が兵をあげたのを聞き「頼朝様がどれだけ御恩（ごおん）を与えたか」と御家人を鼓舞（こぶ）しました。

❼（　北条時宗　）

鎌倉幕府8代執権となった（13 **北条時宗**　）は13世紀に中国を支配したモンゴル人（元）から2度に渡って九州北部を攻め込まれます。御家人の力や暴風雨もあり何とかしのぎました。

❽（　足利義満　）

14世紀に入ると鎌倉幕府は滅び，かわって京都に足利氏が新しい幕府を誕生させます。3代将軍（14 **義満**　）は中国との貿易で富をたくわえ京都の北山に三層金箔の（15 **金閣**　）を建てました。

❾（　足利義政　）

15世紀の終わりに8代将軍（16 **足利義政**　）は京都東山に（17 **銀閣**　）を建てました。たたみや障子，ふすまを使った日本独自の建築様式は（18 **書院造**　）と呼ばれています。

❿（　雪舟　）

墨で絵を描く（19 **水墨画**　）は鎌倉時代に伝わり，室町に入ると（20 **雪舟**　）が日本風の様式に完成させました。彼は中国で修行した後，全国をまわり美しい自然を描きました。

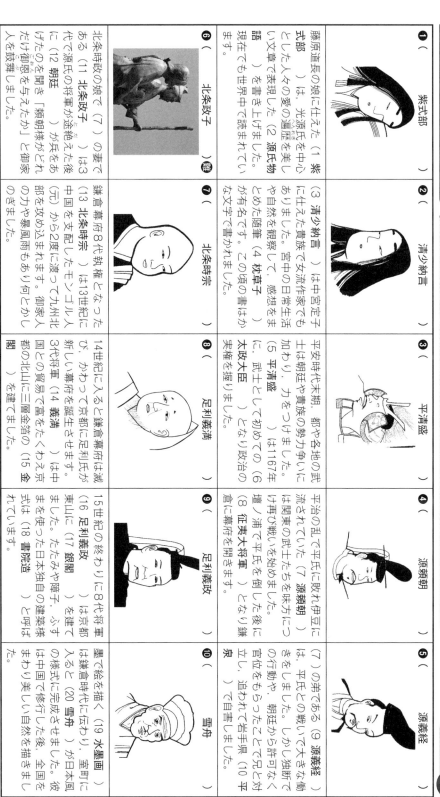

知っ得！ 源氏の将軍は3代で絶え，その後は藤原氏や皇族がつきますがいずれも幼少の将軍でした。それは執権，北条氏が実権を握るためでした。

6年社会科ワークNo.37（戦国～幕末）

重要人物まるわかりワーク③

人物の働きに着目して，歴史の展開を考えよう

名前

❶（　　　　　　　　　　　）

1549年にスペインの宣教師（1　　　　　　）が日本にやってきて（2　　　　　　）を伝えました。この頃からポルトガルやスペインの商人が日本へやってきて貿易を行うようになりました。

❷（　　　　　　　　　　　）

尾張（愛知県）の大名だった（3　　　　　　）は，周囲の有力な大名を（4　　　　　　）を使った戦法で倒し，足利将軍を追放し室町幕府を滅ぼしました。しかし家臣に裏切られ自決します。

❸（　　　　　　　　　　　）難

（3 ）の有能な家臣であった（5　　　　　　）は戦国時代に様々な戦で勝利をおさめ，（3 ）に信頼されていました。しかし，これを裏切り（6　　　　　　）の変を起こしました。

❹（　　　　　　　　　　　）

信長の有力武将であった，（7　　　　　　）は信長を討った（5 ）をすぐに倒し，天下統一を成し遂げました。農民から武器を奪う（8　　　　　　）や農地を調査する（9　　　　　　）を行いました。

❺（　　　　　　　　　　　）

三河（愛知県）の大名の家に生まれた（10　　　　　　）は幼い頃は今川氏の人質でした。その後信長，秀吉のもとで力を蓄え1600年の（11　　　　　　）の戦いで勝利し，江戸幕府を開きます。

❻（　　　　　　　　　　　）

三代将軍（12　　　　　　）は大名を取り締まるきまりである（13　　　　　　）を改めて大名が領地（藩）と江戸を1年おきに行き来する（14　　　　　　）の制度を定めました。

❼（　　　　　　　　　　　）難

（15　　　　　　）は江戸時代初期のキリシタンで，幕府の弾圧に対して島原地方で一揆を起こし，1637年に（16　　　　　　）を起こしました。日本の歴史史上最大規模の一揆です。

❽（　　　　　　　　　　　）

江戸や大阪などの大都市では町人が中心となり新しい文化が生まれ，人形浄瑠璃や歌舞伎の芝居小屋は人気でした。（17　　　　　　）は芝居の脚本を数多く残しました。

❾（　　　　　　　　　　　）

江戸時代になると木版の技術を用いて，色鮮やかな（18　　　　　　）が大量につくられました。（19　　　　　　）は東海道の宿場からの風景を描いた（20　　　　　　）を描き人気を集めました。

❿（　　　　　　　　　　　）難

（19 ）よりも先に（18 ）師として有名であったのが（21　　　　　　）です。彼の代表作（22　　　　　　）は，ゴッホやモネといった海外の画家にも影響をあたえました。

ヒント　近松門左衛門／キリスト教／鉄砲／豊臣秀吉／明智光秀／東海道五十三次／本能寺／検地／徳川家康／ザビエル／徳川家光／武家諸法度／参勤交代／浮世絵／天草四郎／関ヶ原／島原・天草一揆／葛飾北斎／富嶽三十六景／織田信長／刀狩／歌川広重

重要人物まるわかりワーク③

人物の働きに着目して，歴史の展開を考えよう

解答A

❶（　ザビエル　）

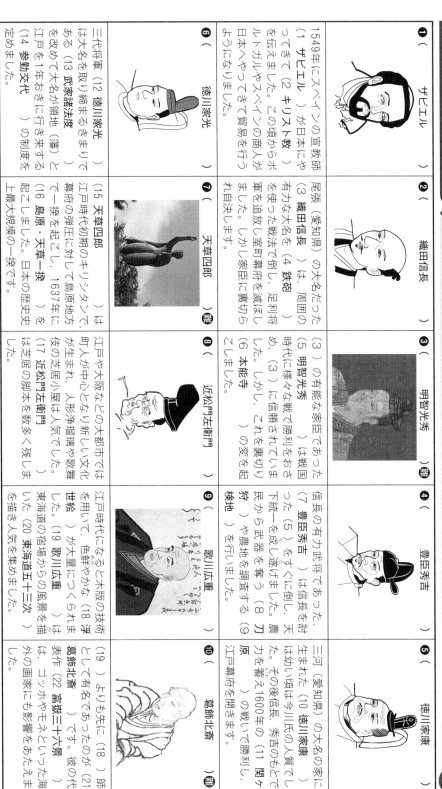

1549年にスペインの宣教師（1 **ザビエル**　）が日本にやってきて（2 **キリスト教**　）を伝えました。この頃からポルトガルやスペインの商人が日本へやってきて貿易を行うようになりました。

❷（　織田信長　）

尾張（愛知県）の大名だった（3 **織田信長**　）は，周囲の有力な大名を（4 **鉄砲**　）を使った戦法で倒し，足利将軍を追放し室町幕府を滅ぼしました。しかし家臣に裏切られ自決します。

❸（　明智光秀　）難

（3　）の有能な家臣であった（5 **明智光秀**　）は戦国時代に様々な戦で勝利をおさめ，（3　）に信頼されていました。しかし，これを裏切り（6 **本能寺**　）の変を起こしました。

❹（　豊臣秀吉　）

信長の有力武将であった，（7 **豊臣秀吉**　）は信長を討った（5　）をすぐに倒し，天下統一を成し遂げました。農民から武器を奪う（8 **刀狩**　）や農地を調査する（9 **検地**　）を行いました。

❺（　徳川家康　）

三河（愛知県）の大名の家に生まれた（10 **徳川家康**　）は幼い頃は今川氏の人質でした。その後信長，秀吉のもとで力を蓄え1600年の（11 **関ヶ原**　）の戦いで勝利し，江戸幕府を開きます。

❻（　徳川家光　）

三代将軍（12 **徳川家光**　）は大名を取り締まるきまりである（13 **武家諸法度**　）を改めて大名が領地（藩）と江戸を1年おきに行き来する（14 **参勤交代**　）の制度を定めました。

❼（　天草四郎　）難

（15 **天草四郎**　）は江戸時代初期のキリシタンで，幕府の弾圧に対して島原地方で一揆を起こし，1637年に（16 **島原・天草一揆**　）を起こしました。日本の歴史史上最大規模の一揆です。

❽（　近松門左衛門　）

江戸や大阪などの大都市では町人が中心となり新しい文化が生まれ，人形浄瑠璃や歌舞伎の芝居小屋は人気でした。（17 **近松門左衛門**　）は芝居の脚本を数多く残しました。

❾（　歌川広重　）

江戸時代になると木版の技術を用いて，色鮮やかな（18 **浮世絵**　）が大量につくられました。（19 **歌川広重**　）は東海道の宿場からの風景を描いた（20 **東海道五十三次**　）を描き人気を集めました。

❿（　葛飾北斎　）難

（19　）よりも先に（18　）師として有名であったのが（21 **葛飾北斎**　）です。彼の代表作（22 **富嶽三十六景**　）は，ゴッホやモネといった海外の画家にも影響をあたえました。

知っ得！ 浮世絵師の歌川広重は35歳の時に72歳の葛飾北斎の「富嶽三十六景」に影響され「東海道五十三次」を書きます。その後2人はライバルとなりました。

重要人物まるわかりワーク④

人物の働きに着目して，歴史の展開を考えよう

名前

❶（　　　　　　　　　　）難

江戸前期の伊賀国（三重県）出身の俳人（1　　　　　　）は，江戸―東北―北陸と2,400kmの旅に出て各地で俳句を詠みました。その作品を（2　　　　　　）と呼び俳句を大成させました。

❷（　　　　　　　　　　）

松阪（三重県）の医師であった（3　　　　　　）は日本人とは何かを考え「古事記」や「源氏物語」などの日本の古典を研究しました。「古事記伝」を書き（4　　　　　　）を発展させました。

❸（　　　　　　　　　　）

小浜藩（福井県）の医者であった（5　　　　　　）はオランダ語の医学書を翻訳(ほんやく)し（6　　　　　　）を完成させます。オランダ語の書物を通してヨーロッパの学問（7　　　　　　）が広がりました。

❹（　　　　　　　　　　）

佐原（千葉県）の商人だった（8　　　　　　）は50歳のときに西洋の天文学や測量学を勉強します。後に幕府の命を受け全国各地を測量し17年かけ正確な（9　　　　　　）をつくりました。

❺（　　　　　　　　　　）難

江戸後期の大阪町奉行所(ぶぎょうしょ)の役人だった（10　　　　　　）は役人や商人が苦しんでいる人々を救わないことに抗議(こうぎ)し兵をあげました。これを（10　）の乱と呼びます。幕府は大いに驚きました。

❻（　　　　　　　　　　）

1853年にアメリカ合衆国の使節であった（11　　　　　　）は日本に開国を求めて神奈川県の（12　　　　　　）沖にやってきました。これをきっかけに翌年，日本は日米和親条約を結び開国します。

❼（　　　　　　　　　　）難

土佐藩（高知県）を脱藩した（13　　　　　　）は新しい国づくりを目指し，海運や貿易を行ったり薩摩と長州を結びつけたりしながら新政府設立に貢献(こうけん)しましたが明治の前に暗殺されます。

❽（　　　　　　　　　　）

薩摩藩（鹿児島県）出身の（14　　　　　　）は倒幕(とうばく)の中心人物として活躍します。1866年に（15　　　　　　）を結び幕府を追い詰めますが，政府と対立し（16　　　　　　）戦争で自決します。

❾（　　　　　　　　　　）

薩摩藩（鹿児島県）出身の（17　　　　　　）は（14）とともに明治維新を進めました。新政府の中心人物となり藩を廃止する（18　　　　　　）を実行します。1878年に暗殺されました。

❿（　　　　　　　　　　）

長州藩（山口県）出身の（19　　　　　　）は維新三傑(けつ)と呼ばれる明治新政府の中心人物です。新政府の基本方針を定めた（20　　　　　　）を起草しました。元の名を桂小五郎と言います。

ヒント　奥の細道／西郷隆盛／西南／大久保利通／廃藩置県／木戸孝允／松尾芭蕉／本居宣長／大塩平八郎／国学／解体新書／伊能忠敬／五箇条の御誓文／日本地図／ペリー／浦賀／坂本龍馬／杉田玄白／薩長同盟／蘭学

重要人物まるわかりワーク④

人物の働きに着目して，歴史の展開を考えよう

解答A

❶（　松尾芭蕉　）難

江戸前期の伊賀国（三重県）出身の俳人（1 **松尾芭蕉**　）は，江戸―東北―北陸と2,400kmの旅に出て各地で俳句を詠みました。その作品を（2 **奥の細道**　）と呼び俳句を大成させました。

❷（　本居宣長　）

松阪（三重県）の医師であった（3 **本居宣長**　）は日本人とは何かを考え「古事記」や「源氏物語」などの日本の古典を研究しました。「古事記伝」を書き（4 **国学**　）を発展させました。

❸（　杉田玄白　）

小浜藩（福井県）の医者であった（5 **杉田玄白**　）はオランダ語の医学書を翻訳し（6 **解体新書**　）を完成させます。オランダ語の書物を通してヨーロッパの学問（7 **蘭学**　）が広がりました。

❹（　伊能忠敬　）

佐原（千葉県）の商人だった（8 **伊能忠敬**　）は50歳のときに西洋の天文学や測量学を勉強します。後に幕府の命を受け全国各地を測量し17年かけ正確な（9 **日本地図**　）をつくりました。

❺（　大塩平八郎　）難

江戸後期の大阪町奉行所の役人だった（10 **大塩平八郎**　）は役人や商人が苦しんでいる人々を救わないことに抗議し兵をあげました。これを（10　）の乱と呼びます。幕府は大いに驚きました。

❻（　ペリー　）

1853年にアメリカ合衆国の使節であった（11 **ペリー**　）は日本に開国を求めて神奈川県の（12 **浦賀**　）沖にやってきました。これをきっかけに翌年，日本は日米和親条約を結び開国します。

❼（　坂本龍馬　）難

土佐藩（高知県）を脱藩した（13 **坂本龍馬**　）は新しい国づくりを目指し，海運や貿易を行ったり薩摩と長州を結びつけたりしながら新政府設立に貢献しましたが明治の前に暗殺されます。

❽（　西郷隆盛　）

薩摩藩（鹿児島県）出身の（14 **西郷隆盛**　）は倒幕の中心人物として活躍します。1866年に（15 **薩長同盟**　）を結び幕府を追い詰めますが，政府と対立し（16 **西南**　）戦争で自決します。

❾（　大久保利通　）

薩摩藩（鹿児島県）出身の（17 **大久保利通**　）は（14　）とともに明治維新を進めました。新政府の中心人物となり藩を廃止する（18 **廃藩置県**　）を実行します。1878年に暗殺されました。

❿（　木戸孝允　）

長州藩（山口県）出身の（19 **木戸孝允**　）は維新三傑と呼ばれる明治新政府の中心人物です。新政府の基本方針を定めた（20 **五箇条の御誓文**）を起草しました。元の名を桂小五郎と言います。

知っ得！ 西郷隆盛は写真嫌いだったので彼の写真は残っていません。現在使われている肖像画は外国人画家が西郷の死後に弟の西郷従道と従兄の大山巌の顔写真を参考に作成しました。

重要人物まるわかりワーク⑤

人物の働きに着目して，歴史の展開を考えよう

名前

❶（　　　　　　　）

1860年に咸臨丸（かんりんまる）で太平洋を横断しアメリカ社会を見聞した（1　　　　　）は軍艦奉行となります。新政府軍と旧幕府軍の戦いでは江戸を守るため戦わずに（2　　　　　）を明け渡しました。

❷（　　　　　　　）難

徳川15代将軍（3　　　　　　）は1867年に政権を天皇に返す（4　　　　　　）を行いました。朝廷に政権が移っても徳川家として関わろうと考えましたが薩長（さっちょう）に排除されかないませんでした。

❸（　　　　　　　）

1866年の末に父・孝明天皇が急死し，翌年14歳で（5　　　）天皇が即位します。江戸城無血開城によって，住まいを（2）に移し，天皇で初めて東京でくらす天皇となりました。

❹（　　　　　　　）

中津藩（大分県）の下級武士出身の（6　　　　　　）は人はみな平等で学問をすることで身を立てるべきだと主張し，（7　　　　　　）を書き新しい時代の中で多くの人に影響をあたえました。

❺（　　　　　　　）難

公家であった（8　　　　　　）は倒幕を推し進め大久保利通らとともに1868年に（9　　　　　　）の大号令を宣言しました。また新政府樹立後は欧米に使節団長として渡りました。

❻（　　　　　　　）難

岩倉使節団に同行した5人の女子留学生の1人は6歳であった（10　　　　　）でした。その後10年間に渡りアメリカで教育を受け，帰国後は学校をつくり（津田塾大学（つだじゅくだいがく）），女子教育に貢献しました。

❼（　　　　　　　）難

農民から武士に取り立てられた（11　　　　　）は明治に入ると財政政策を行う立場となります。
日本初の（12　　　　）の他，500余りの会社の設立に携（たずさ）わり経済発展に貢献しました。

❽（　　　　　　　）

佐賀藩（佐賀県）出身の（13　　　　　）はイギリスを手本にした憲法と議会の設立を主張し（14　　　　　）党を結成しました。1898年，1914年に内閣総理大臣になりました。

❾（　　　　　　　）

土佐藩（高知県）出身の（15　　　　　）は薩摩と長州中心の政治を批判し，選挙に基づく議会を開くべきだと主張し（16　　　　）党を結成しました。自由民権運動を起こしました。

❿（　　　　　　　）

長州藩（山口県）出身の（17　　　　　）は新政府の中心として内閣をつくり自らが（18　　　　　　）になりました。また憲法づくりを進め（19　　　　　）憲法を発布しました。

ヒント　渋沢栄一／明治／学問のすゝめ／大隈重信／大日本帝国／立憲改進／自由／伊藤博文／内閣総理大臣／勝海舟／江戸城／徳川慶喜／岩倉具視／王政復古／津田梅子／銀行／福沢諭吉／板垣退助／大政奉還

6年社会科ワークNo.39（明治）

重要人物まるわかりワーク⑤

人物の働きに着目して，歴史の展開を考えよう

解答A

❶（ 勝海舟 ）

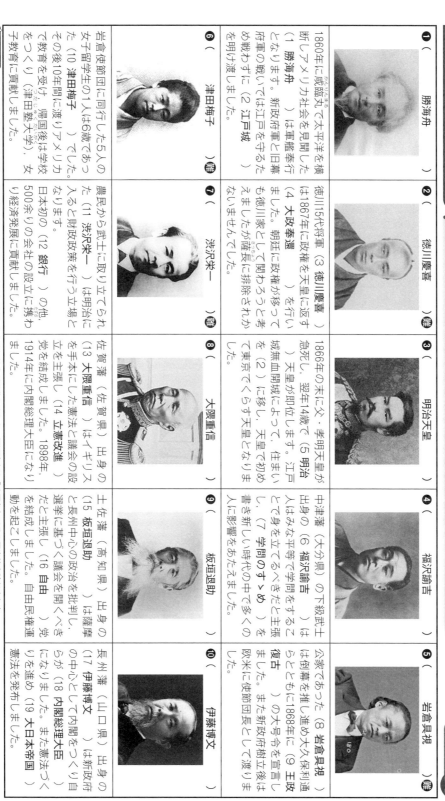

1860年に咸臨丸(かんりんまる)で太平洋を横断しアメリカ社会を見聞した（1 **勝海舟** ）は軍艦奉行となります。新政府軍と旧幕府軍の戦いでは江戸を守るため戦わずに（2 **江戸城** ）を明け渡しました。

❷（ 徳川慶喜 ）難

徳川15代将軍（3 **徳川慶喜** ）は1867年に政権を天皇に返す（4 **大政奉還** ）を行いました。朝廷に政権が移っても徳川家として関わろうと考えましたが薩長(さっちょう)に排除されかないませんでした。

❸（ 明治天皇 ）

1866年の末に父・孝明天皇が急死し，翌年14歳で（5 **明治** ）天皇が即位します。江戸城無血開城によって，住まいを（2 ）に移し，天皇で初めて東京でくらす天皇となりました。

❹（ 福沢諭吉 ）

中津藩（大分県）の下級武士出身の（6 **福沢諭吉** ）は人はみな平等で学問をすることで身を立てるべきだと主張し，（7 **学問のすゝめ** ）を書き新しい時代の中で多くの人に影響をあたえました。

❺（ 岩倉具視 ）難

公家であった（8 **岩倉具視** ）は倒幕を推し進め大久保利通らとともに1868年に（9 **王政復古** ）の大号令を宣言しました。また新政府樹立後は欧米に使節団長として渡りました。

❻（ 津田梅子 ）難

岩倉使節団に同行した5人の女子留学生の1人は6歳であった（10 **津田梅子** ）でした。その後10年間に渡りアメリカで教育を受け，帰国後は学校をつくり（津田塾大学(つだじゅくだいがく)），女子教育に貢献しました。

❼（ 渋沢栄一 ）難

農民から武士に取り立てられた（11 **渋沢栄一** ）は明治に入ると財政政策を行う立場となります。
日本初の（12 **銀行** ）の他，500余りの会社の設立に携(たずさ)わり経済発展に貢献しました。

❽（ 大隈重信 ）

佐賀藩（佐賀県）出身の（13 **大隈重信** ）はイギリスを手本にした憲法と議会の設立を主張し（14 **立憲改進** ）党を結成しました。1898年，1914年に内閣総理大臣になりました。

❾（ 板垣退助 ）

土佐藩（高知県）出身の（15 **板垣退助** ）は薩摩と長州中心の政治を批判し，選挙に基づく議会を開くべきだと主張し（16 **自由** ）党を結成しました。自由民権運動を起こしました。

❿（ 伊藤博文 ）

長州藩（山口県）出身の（17 **伊藤博文** ）は新政府の中心として内閣をつくり自らが（18 **内閣総理大臣** ）になりました。また憲法づくりを進め（19 **大日本帝国** ）憲法を発布しました。

知っ得！ 政府は明治5年の11月9日に，12月3日を明治6年元日とすると発表したために社会が混乱しました。福沢諭吉は「改暦弁」でその正当性を論じました。

6年社会科ワークNo.40（明治～大正）

重要人物まるわかりワーク⑥

人物の働きに着目して，歴史の展開を考えよう

名前

❶（　　　　　　　　）難

明治から昭和にかけ活躍した歌人（1　　　　　　　）はロマン主義文学の中心人物です。日露戦争に出征した弟を思う詩（2　　　　　　　）を発表し反戦思想を広めました。

❷（　　　　　　　　）難

日本初の公害事件と言われる（3　　　　　　　）事件を天皇に直訴した政治家が（4　　　　　　　）です。足尾銅山は西洋式の技術改良で産出量を増やしましたが有害な排水を川に流しました。

❸（　　　　　　　　）難

（5　　　　　　　）はペスト菌を発見したり，破傷風の治療法を開発したりするなど感染症医学の発展に貢献しました。そのため「日本細菌学の父」と呼ばれています。

❹（　　　　　　　　）難

医学者であり，細菌学者でもある（6　　　　　　）は（5 ）のもとで学び，赤痢菌を発見し治療薬をつくりました。そのため赤痢菌は彼の名にちなんで「Shigella」シゲラと名付けられました。

❺（　　　　　　　　）難

（7　　　　　　　）は札幌農学校で学んだ後にアメリカやドイツに留学しました。彼が書いた「武士道」は世界的なベストセラーになります。また（8　　　　　　　）の事務次長を務めました。

❻（　　　　　　　　）難

（9　　　　　　　）は男性より低くおさえられていた女性の地位の向上を目指す運動を始めました。「元始，女性は太陽であった」という言葉のもとに新婦人協会を設立して活動しました。

❼（　　　　　　　　）

和歌山藩（和歌山県）に生まれ坂本龍馬らと行動をともにした（10　　　　　　　）は1892年から4年間外務大臣を務めイギリスとの間で，（11　　　　　　　）の撤廃に成功しました。

❽（　　　　　　　　）

1904年日露戦争での日本海海戦で日本の艦隊を指揮した（12　　　　　　　）はロシアのバルチック艦隊を撃破し勝利に導きました。旅順の戦いで勝利した乃木希典とともに英雄とされました。

❾（　　　　　　　　）

日向国（宮崎県）出身であった（13　　　　　　　）は1901年に外務大臣となり日英同盟やポーツマス条約締結に尽力しました。1911年には（14　　　　　　　）回復に成功します。

❿（　　　　　　　　）

福島県出身の（15　　　　　　　）は（5 ）のもとで学んだ後アメリカに渡りヘビ毒の研究で有名になります。その後アフリカで（16　　　　　　　）病の調査に取り組みますが自身が感染し亡くなりました。

ヒント 新渡戸稲造／黄熱／君死にたまふことなかれ／平塚らいてう／与謝野晶子／北里柴三郎／志賀潔／小村寿太郎／国際連盟／陸奥宗光／東郷平八郎／足尾銅山鉱毒／関税自主権／治外法権／野口英世／田中正造

重要人物まるわかりワーク⑥

人物の働きに着目して，歴史の展開を考えよう

解答A

❶（　与謝野晶子　）難

明治から昭和にかけ活躍した歌人（1 **与謝野晶子**　）はロマン主義文学の中心人物です。日露戦争に出征（しゅっせい）した弟を思う詩（2 **君死にたまふことなかれ**　）を発表し反戦思想を広めました。

❷（　田中正造　）難

日本初の公害事件と言われる（3 **足尾銅山鉱毒**　）事件を天皇に直訴した政治家が（4 **田中正造**　）です。足尾銅山は西洋式の技術改良で産出量を増やしましたが有害な排水を川に流しました。

❸（　北里柴三郎　）難

（5 **北里柴三郎**　）はペスト菌を発見したり，破傷風の治療法を開発したりするなど感染症医学の発展に貢献しました。そのため「日本細菌学の父」と呼ばれています。

❹（　志賀潔　）難

医学者であり，細菌学者でもある（6 **志賀潔**　）は（5）のもとで学び，赤痢菌を発見し治療薬をつくりました。そのため赤痢菌は彼の名にちなんで「Shigella」シゲラと名付けられました。

❺（　新渡戸稲造　）難

（7 **新渡戸稲造**　）は札幌農学校で学んだ後にアメリカやドイツに留学しました。彼が書いた「武士道」は世界的なベストセラーになります。また（8 **国際連盟**　）の事務次長を務めました。

❻（　平塚らいてう　）難

（9 **平塚らいてう**　）は男性より低くおさえられていた女性の地位の向上を目指す運動を始めました。「元始，女性は太陽であった」という言葉のもとに新婦人協会を設立して活動しました。

❼（　陸奥宗光　）

和歌山藩（和歌山県）に生まれ坂本龍馬らと行動をともにした（10 **陸奥宗光**　）は1892年から4年間外務大臣を務めイギリスとの間で，（11 **治外法権**　）の撤廃に成功しました。

❽（　東郷平八郎　）

1904年日露戦争での日本海海戦で日本の艦隊（かんたい）を指揮した（12 **東郷平八郎**　）はロシアのバルチック艦隊を撃破し勝利に導きました。旅順の戦いで勝利した乃木希典とともに英雄とされました。

❾（　小村寿太郎　）

日向国（宮崎県）出身であった（13 **小村寿太郎**　）は1901年に外務大臣となり日英同盟やポーツマス条約締結に尽力しました。1911年には（14 **関税自主権**　）回復に成功します。

❿（　野口英世　）

福島県出身の（15 **野口英世**　）は（5）のもとで学んだ後アメリカに渡りヘビ毒の研究で有名になります。その後アフリカで（16 **黄熱**　）病の調査に取り組みますが自身が感染し亡くなりました。

知っ得！ 小村寿太郎は身長が156cmと小柄だったので外国人からはねずみ公使と呼ばれていました。しかし，彼の功績は偉大なものだったと言えます。

●小学校で覚える42人

・卑弥呼	・聖徳太子	・小野妹子	・中大兄皇子	・中臣鎌足
・聖武天皇	・行基	・鑑真	・藤原道長	・紫式部
・清少納言	・平清盛	・源頼朝	・源義経	・北条時宗
・足利義満	・足利義政	・雪舟	・ザビエル	・織田信長
・豊臣秀吉	・徳川家康	・徳川家光	・近松門左衛門	・歌川広重
・本居宣長	・杉田玄白	・伊能忠敬	・ペリー	・勝海舟
・西郷隆盛	・大久保利通	・木戸孝允	・明治天皇	・福沢諭吉
・大隈重信	・板垣退助	・伊藤博文	・陸奥宗光	・東郷平八郎
・小村寿太郎	・野口英世			

第５章

年表編

新学習指導要領では内容項目の中に
「遺跡や文化財，地図や年表などの資料で調べ，
まとめる」ことがこれまでより具体的に明示されました。

6年社会科ワークNo.41（旧石器～古墳）

歴史年表まるわかりワーク①

年表を通して情報を適切に調べまとめよう

名前

時代	西暦	元号	出来事	朝鮮	中国
旧石器時代	今から10,000年以上前		・日本列島はまだアジア大陸と陸続きだった ・氷河期の終わり頃，南方からはナウマン象，北方からはマンモス象がやってきた ・打製石器が使われていた ・土器はまだ使われていなかった  岩宿遺跡（群馬県）		殷（いん） 周（しゅう）
縄文時代	10,000年前		・気候が暖かくなり海面が上昇して今の日本列島ができた ・狩りや漁のくらしが行われる ・縄文土器や石器が使われていた ・5,500年前の遺跡…（1　　　　）（青森県） ・朝鮮や中国から（2　　　　）が伝わった  三内丸山遺跡（青森県）		春秋・戦国時代
弥生時代	2,300年前 西暦300年頃まで	紀元前3世紀～ 紀元後3世紀 西暦239年	・2,300年前の遺跡…板付遺跡（福岡県）～米づくりの様子 ・2,000年前の遺跡…登呂遺跡（静岡県）～米づくりの様子 ・人々はムラをつくり協力して米づくりを行う ・ムラを治める首長が現れる ・紀元前4世紀～紀元後3世紀頃…（3　　　　）（佐賀県）～大規模な集落 ・小さなクニが各地にできる ・（4　　　　）の女王（5　　　　）が中国（魏）に使いを送る  吉野ヶ里遺跡（佐賀県）	漢四郡 高句麗（北部） 三韓（南部）	秦（しん） 前漢 後漢 三国
古墳時代	300年頃～ 600年頃	3～7世紀 4世紀頃 5世紀頃 西暦538年	・各地の豪族が（6　　　　）をつくるようになる ・（7　　　　）が各地の豪族を従える ・大陸から（8　　　　）によって漢字や，土木技術，鉄などが伝わる ・大和朝廷の大王（9　　　　）が中国に使いを送る ・（10　　　　）が伝わる（※552年の説もあり）  仁徳天皇陵（大阪府） ©国土画像情報，国土交通省	高句麗（こうくり） 百済（くだら） 新羅（しらぎ）	晋（しん） 五胡十六国（ごこじゅうろっこく） 南北朝

ヒント　仏教／邪馬台国／古墳／ワカタケル／吉野ヶ里遺跡／三内丸山遺跡／米づくり／大和朝廷／卑弥呼／渡来人

歴史年表まるわかりワーク①

年表を通して情報を適切に調べまとめよう

解答A

時代	西暦	元号	出来事	朝鮮	中国
旧石器時代	今から10,000年以上前		・日本列島はまだアジア大陸と陸続きだった ・氷河期の終わり頃，南方からはナウマン象，北方からはマンモス象がやってきた ・打製石器が使われていた ・土器はまだ使われていなかった  岩宿遺跡（群馬県）		殷 周
縄文時代	10,000年前		・気候が暖かくなり海面が上昇して今の日本列島ができた ・狩りや漁のくらしが行われる ・縄文土器や石器が使われていた ・5,500年前の遺跡…（1 **三内丸山遺跡**　）（青森県） ・朝鮮や中国から（2 **米づくり**　）が伝わった  三内丸山遺跡（青森県）		春秋・戦国時代
弥生時代	2,300年前 西暦300年頃まで	紀元前3世紀～ 紀元後3世紀 西暦239年	・2,300年前の遺跡…板付遺跡（福岡県）～米づくりの様子 ・2,000年前の遺跡…登呂遺跡（静岡県）～米づくりの様子 ・人々はムラをつくり協力して米づくりを行う ・ムラを治める首長が現れる ・紀元前4世紀～紀元後3世紀頃…（3 **吉野ヶ里遺跡**　）（佐賀県）～大規模な集落 ・小さなクニが各地にできる ・（4 **邪馬台国**　）の女王（5 **卑弥呼**　）が中国（魏）に使いを送る  吉野ヶ里遺跡（佐賀県）	漢四郡 高句麗（北部） 三韓（南部）	秦 前漢 後漢 三国
古墳時代	300年頃～ 600年頃	3～7世紀 4世紀頃 5世紀頃 西暦538年	・各地の豪族が（6 **古墳**　）をつくるようになる ・（7 **大和朝廷**　）が各地の豪族を従える ・大陸から（8 **渡来人**　）によって漢字や，土木技術，鉄などが伝わる ・大和朝廷の大王（9 **ワカタケル**　）が中国に使いを送る ・（10 **仏教**　）が伝わる（※552年の説もあり）  仁徳天皇陵（大阪府） Ⓒ国土画像情報，国土交通省	高句麗 百済 新羅	晋 五胡十六国 南北朝

知っ得！ 魏志倭人伝には266年に倭の女王（おそらく壱与）が晋に使いをおくったことを最後に記録が途絶え，次に登場するのは420年の倭国の5王です。これを空白の150年と呼びます。

歴史年表まるわかりワーク②

年表を通して情報を適切に調べまとめよう

名前

時代	西暦	元号	出来事	朝鮮	中国
飛鳥時代	587年頃		・蘇我馬子が日本最初の仏教寺院，飛鳥寺を建立する	高句麗（こうくり）	隋（いん）
	593		・（1　　　　）が推古天皇の摂政になる	百済（くだら）	
	603		・身分に関係なく能力や功績で役人になれる（2　　　　）を制定する	新羅（しらぎ）	
	604		・役人の心得を示した（3　　　　）を制定する		
	607		・小野妹子を（4　　　　）として隋に派遣する		唐（とう）
	645	大化元	・中大兄皇子と中臣鎌足が（5　　　　）を起こし，蘇我氏を滅ぼす	新羅	
奈良時代	710	和銅3	・都が藤原京（奈良県橿原市）から（6　　　　）（奈良県奈良市）に移される		
	712	和銅5	・日本最古の歴史書（7　　　　）ができる		
	720	養老4	・日本書紀ができる		
	741	天平13	・（8　　　　）が国分寺を建てる命令を出す		
	743	天平15	・（8）が（9　　　　）をつくる詔（みことのり）を出す		
	752	天宝勝宝4	・（10　　　　）が完成して開眼式が行われる		
	784	延暦3	・長岡京へ遷都（せんと）する		
平安時代	794	延暦13	・桓武天皇が（11　　　　）へ遷都する		
	894	寛平6	・菅原道真が遣唐使の廃止を提唱		
			◆清少納言の『（12　　　　）』，紫式部の『（13　　　　）』完成		
	1016	長和5	・（14　　　　）が摂政となる		
	1052	永承7	・藤原頼通が平等院鳳凰堂（びょうどういんほうおうどう）を創建（そうけん）する	高麗（こうらい）	
	1086	応徳3	・白河上皇が院政を始める		
			◆武士が力を持ち始める		宋（そう）
	1156	保元元	・保元の乱		
	1159	平治元	・平治の乱		
	1167	仁安2	・（15　　　　）が武士として初めて太政大臣になる		
	1180	治承4	・源頼朝が伊豆で挙兵する		

飛鳥大仏（飛鳥寺）

奈良の大仏（東大寺）

平等院鳳凰堂（宇治市）

厳島神社（広島県）

ヒント　冠位十二階／枕草子／聖徳太子／大化の改新／平城京／十七条の憲法／聖武天皇／大仏／遣隋使／源氏物語／藤原道長／平清盛／古事記／平安京／奈良の大仏

歴史年表まるわかりワーク②

年表を通して情報を適切に調べまとめよう

解答A

時代	西暦	元号	出来事	朝鮮	中国
飛鳥時代	587年頃		・蘇我馬子が日本最初の仏教寺院，飛鳥寺を建立する	高句麗（こうくり） 百済（くだら） 新羅（しらぎ）	隋（いん）
	593		・（1 **聖徳太子**　）が推古天皇の摂政になる		
	603		・身分に関係なく能力や功績で役人になれる（2 **冠位十二階**　）を制定する		
	604		・役人の心得を示した（3 **十七条の憲法**　）を制定する		
	607		・小野妹子を（4 **遣隋使**　）として隋に派遣する		唐（とう）
	645	大化元	・中大兄皇子と中臣鎌足が（5 **大化の改新**　）を起こし，蘇我氏を滅ぼす	新羅	
奈良時代	710	和銅3	・都が藤原京（奈良県橿原市）から（6 **平城京**　）（奈良県奈良市）に移される		
	712	和銅5	・日本最古の歴史書（7 **古事記**　）ができる		
	720	養老4	・日本書紀ができる		
	741	天平13	・（8 **聖武天皇**　）が国分寺を建てる命令を出す		
	743	天平15	・（8）が（9 **大仏**　）をつくる詔（みことのり）を出す		
	752	天宝勝宝4	・（10 **奈良の大仏**　）が完成して開眼式が行われる		
	784	延暦3	・長岡京へ遷都（せんと）する		
平安時代	794	延暦13	・桓武天皇が（11 **平安京**　）へ遷都する		
	894	寛平6	・菅原道真が遣唐使の廃止を提唱		
			◆清少納言の『（12 **枕草子**　）』，紫式部の『（13 **源氏物語**　）』完成		
	1016	長和5	・（14 **藤原道長**　）が摂政となる		
	1052	永承7	・藤原頼通が平等院鳳凰堂（びょうどういんほうおうどう）を創建（そうけん）する	高麗（こうらい）	
	1086	応徳3	・白河上皇が院政を始める		宋（そう）
			◆武士が力を持ち始める		
	1156	保元元	・保元の乱		
	1159	平治元	・平治の乱		
	1167	仁安2	・（15 **平清盛**　）が武士として初めて太政大臣になる		
	1180	治承4	・源頼朝が伊豆で挙兵する		

飛鳥大仏（飛鳥寺）

奈良の大仏（東大寺）

平等院鳳凰堂（宇治市）

厳島神社（広島県）

知っ得！ 菅原道真は学問に長けていて，学者でありながら政治家としても活躍しました。そのため他の貴族から嫉妬され，嘘の情報を流され九州の大宰府に左遷されました。

6年社会科ワークNo.43（鎌倉～安土桃山）

歴史年表まるわかりワーク③

年表を通して情報を適切に調べまとめよう

名前

時代	西暦	元号	出来事	朝鮮	中国
鎌倉時代	1185	文治元	・（1　　　　　）が壇ノ浦の戦いで平氏を滅ぼす ・（2　　　　　）が守護・地頭を設置する	高麗（こうらい）	宋（そう）
	1192	建久3	・（2）が（3　　　　　）に任命され，鎌倉幕府が成立する		
	1221	承久3	・朝廷が幕府を攻めようとする承久の乱が起きる		元（げん）
	1232	貞永元	・執権 北条泰時が（4　　　　　）を制定する		
	1274	文永11	・（5　　　）が日本に攻めてくる…文永の役		
	1281	弘安4	・（5）が日本に攻めてくる…弘安の役		
	1333	元弘3 正慶2	・鎌倉幕府が滅亡する		
室町時代		北朝 ／ 南朝			
	1334	建武元	・後醍醐天皇による建武の新政が始まる		
	1336	建武3／延元元	・朝廷が南朝と北朝に分裂する		
	1338	暦応元／延元3	・足利尊氏が（3）になり幕府を開く		
	1378	永和4／天授4	・（6　　　　）が室町に幕府を移す		
	1392	明徳3／元中9	・（6）が南北朝を合一する		明（みん）
	1397	応永4	・（6）が（7　　　　）を建てる		
	1467	応仁元	・将軍の後継者問題で守護大名同士が争う（8　　　　　）が起こる		
	1490	延徳2	・（9　　　　）が銀閣を建てる	朝鮮	
戦国～安土・桃山時代	1543	天文12	・種子島に（10　　　　）が伝わる		
	1549	天文18	・（11　　　　　）がキリスト教を伝える		
	1573	天正元	・（12　　　　　）が室町幕府を滅ぼす		
	1575	天正3	・（12）が（13　　　　　）で武田軍を破る		
	1582	天正10	・明智光秀が（14　　　　）で（12）を討（う）つ ・（15　　　　）が（16　　　　）を始める		
	1586	天正14	・（15）が関白に就任する		
	1588	天正16	・（15）が（17　　　　）令を出す		
	1590	天正18	・（15）が全国を統一する		
	1592	文禄元	・明の征服を企て，朝鮮に出兵する		
	1600	慶長5	・全国を二分する（18　　　　　）が起きる		

鶴岡八幡宮（鎌倉市）

金閣（京都北山）

銀閣（京都東山）

火縄銃

長篠の戦い（愛知県）

ヒント 金閣／征夷大将軍／御成敗式目／足利義政／ザビエル／応仁の乱／鉄砲／長篠の戦い／元／源義経／本能寺／豊臣秀吉／太閤検地／刀狩／関ヶ原の戦い／源頼朝／足利義満／織田信長

歴史年表まるわかりワーク③

年表を通して情報を適切に調べまとめよう

解答A

時代	西暦	元号	出来事	朝鮮	中国
鎌倉時代	1185	文治元	・（1 **源義経** ）が壇ノ浦の戦いで平氏を滅ぼす	高麗	宋
			・（2 **源頼朝** ）が守護・地頭を設置する		
	1192	建久3	・（2）が（3 **征夷大将軍** ）に任命され，鎌倉幕府が成立する		
	1221	承久3	・朝廷が幕府を攻めようとする承久の乱が起きる		
	1232	貞永元	・執権 北条泰時が（4 **御成敗式目** ）を制定する		元
	1274	文永11	・（5 **元** ）が日本に攻めてくる…文永の役		
	1281	弘安4	・（5）が日本に攻めてくる…弘安の役		
	1333	元弘3 正慶2	・鎌倉幕府が滅亡する		
室町時代		北朝 ／ 南朝			
	1334	建武元	・後醍醐天皇による建武の新政が始まる		
	1336	建武3 ／延元元	・朝廷が南朝と北朝に分裂する		
	1338	暦応元／延元3	・足利尊氏が（3）になり幕府を開く		
	1378	永和4 ／天授4	・（6 **足利義満** ）が室町に幕府を移す		
	1392	明徳3 ／元中9	・（6）が南北朝を合一する		明
	1397	応永4	・（6）が（7 **金閣** ）を建てる		
	1467	応仁元	・将軍の後継者問題で守護大名同士が争う（8 **応仁の乱** ）が起こる		
	1490	延徳2	・（9 **足利義政** ）が銀閣を建てる	朝鮮	
戦国～安土・桃山時代	1543	天文12	・種子島に（10 **鉄砲** ）が伝わる		
	1549	天文18	・（11 **ザビエル** ）がキリスト教を伝える		
	1573	天正元	・（12 **織田信長** ）が室町幕府を滅ぼす		
	1575	天正3	・（12）が（13 **長篠の戦い** ）で武田軍を破る		
	1582	天正10	・明智光秀が（14 **本能寺** ）で（12）を討つ		
			・（15 **豊臣秀吉** ）が（16 **太閤検地** ）を始める		
	1586	天正14	・（15）が関白に就任する		
	1588	天正16	・（15）が（17 **刀狩** ）令を出す		
	1590	天正18	・（15）が全国を統一する		
	1592	文禄元	・明の征服を企て，朝鮮に出兵する		
	1600	慶長5	・全国を二分する（18 **関ヶ原の戦い** ）が起きる		

鶴岡八幡宮（鎌倉市）

金閣（京都北山）

銀閣（京都東山）

火縄銃

長篠の戦い（愛知県）

知っ得！ ザビエルはキリスト教カトリックの宣教師で，当時急激に成長していたプロテスタントに対抗するためにカトリックが世界布教に乗り出したことでやってきました。

歴史年表まるわかりワーク④

年表を通して情報を適切に調べまとめよう

名前

時代	西暦	元号	出来事	朝鮮	中国
江戸時代				朝鮮	清（しん）
	1603	慶長8	・（1　　　　　　）が征夷大将軍になり江戸幕府を開く		
	1614	慶長19	・大阪冬の陣，翌年の夏の陣で（2　　　　　　）が滅亡する		
	1615	元和元	・大名を取り締まる（3　　　　　　）が出される		
			◆武士・百姓・町人などの身分制度が強まる		
	1635	寛永12	・三代将軍（4　　　　　　）が（5　　　　　　）の制度を定める		
	1637	寛永14	・天草四郎による（6　　　　　　）が起きる		
	1639	寛永16	・（7　　　　　　）船の来航を禁止する		
	1641	寛永18	・オランダ商館を（8　　　　　　）に移し（9　　　　　　）が完成する		
	1702	元禄15	・（10　　　　　　）が『奥の細道』を発刊する		
			◆町人の文化が栄える		
	1716	享保元	・8代将軍 徳川吉宗が政治の改革を行い新田開発を進める		
			◆蘭学・国学など新しい学問が起こる		
	1774	安永3	・杉田玄白・前野良沢が『（11　　　　　　）』を発刊する		
	1790	寛政2	・本居宣長が『（12　　　　　　）』の刊行を始める		
	1800	寛政12	・（13　　　　　　）が日本全国の測量を始める		
			◆寺子屋や藩校が多くつくられる		
	1825	文政8	・異国船打払令が出される		
			◆葛飾北斎の『富嶽三十六景』や歌川広重の『東海道五十三次』が刊行する		
	1837	天保8	・（14　　　　　　）が大阪で乱を起こす		
	1853	嘉永6	・（15　　　　　　）が浦賀に来航する		
	1854	安政元	・日米和親条約を結び，開国する		
	1858	安政5	・（16　　　　　　）条約を結ぶ（不平等条約）		
	1860	万延元	・大老 井伊直弼が桜田門外で暗殺される		
	1863	文久3	・薩英戦争が起きる		
	1864	元治元	・四国艦隊下関砲撃事件		
	1866	慶応2	・薩長同盟が成立し，倒幕運動が加速する		
	1867	慶応3	・10月（旧暦）15代将軍徳川（17　　　　）が朝廷に（18　　　　　　）をする　・11月（旧暦）坂本龍馬暗殺		
	1868	明治元	・12月（旧暦）岩倉具視，薩長が中心に王政復古の大号令を宣言し，明治政府が誕生する		

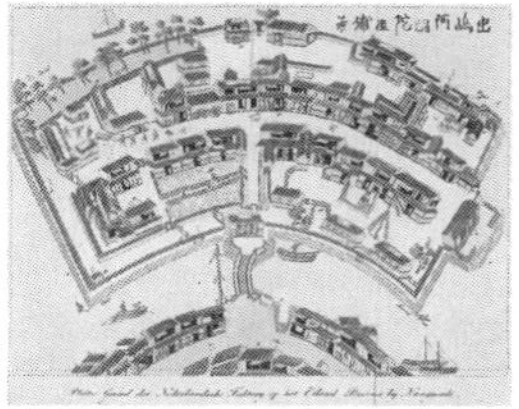
出島（長崎県）

日新館（福島県）

大政奉還図

ヒント　参勤交代／武家諸法度／島原・天草一揆／鎖国／ポルトガル／徳川家康／解体新書／伊能忠敬／出島／大塩平八郎／ペリー／豊臣氏／徳川家光／日米修好通商／慶喜／大政奉還／松尾芭蕉／古事記伝

年表を通して情報を適切に調べまとめよう

解答A

時代	西暦	元号	出来事	朝鮮	中国
江戸時代				朝鮮	清（しん）
	1603	慶長8	・（1 **徳川家康**　）が征夷大将軍になり江戸幕府を開く		
	1614	慶長19	・大阪冬の陣，翌年の夏の陣で（2 **豊臣氏**　）が滅亡する		
	1615	元和元	・大名を取り締まる（3 **武家諸法度**　）が出される		
			◆武士・百姓・町人などの身分制度が強まる		
	1635	寛永12	・三代将軍（4 **徳川家光**　）が（5 **参勤交代**　）の制度を定める		
	1637	寛永14	・天草四郎による（6 **島原・天草一揆**　）が起きる		
	1639	寛永16	・（7 **ポルトガル**　）船の来航を禁止する		
	1641	寛永18	・オランダ商館を（8 **出島**　）に移し（9 **鎖国**　）が完成する		
	1702	元禄15	・（10 **松尾芭蕉**　）が『奥の細道』を発刊する		
			◆町人の文化が栄える		
	1716	享保元	・8代将軍 徳川吉宗が政治の改革を行い新田開発を進める		
			◆蘭学・国学など新しい学問が起こる		
	1774	安永3	・杉田玄白・前野良沢が『（11 **解体新書**　）』を発刊する		
	1790	寛政2	・本居宣長が『（12 **古事記伝**　）』の刊行を始める		
	1800	寛政12	・（13 **伊能忠敬**　）が日本全国の測量を始める		
			◆寺子屋や藩校が多くつくられる		
	1825	文政8	・異国船打払令が出される		
			◆葛飾北斎の『富嶽三十六景』や歌川広重の『東海道五十三次』が刊行する		
	1837	天保8	・（14 **大塩平八郎**　）が大阪で乱を起こす		
	1853	嘉永6	・（15 **ペリー**　）が浦賀に来航する		
	1854	安政元	・日米和親条約を結び，開国する		
	1858	安政5	・（16 **日米修好通商**　）条約を結ぶ（不平等条約）		
	1860	万延元	・大老 井伊直弼が桜田門外で暗殺される		
	1863	文久3	・薩英戦争が起きる		
	1864	元治元	・四国艦隊下関砲撃事件		
	1866	慶応2	・薩長同盟が成立し，倒幕運動が加速する		
	1867	慶応3	・10月（旧暦）15代将軍徳川（17 **慶喜**　）が朝廷に（18 **大政奉還**　）をする　・11月（旧暦）坂本龍馬暗殺		
	1868	明治元	・12月（旧暦）岩倉具視，薩長が中心に王政復古の大号令を宣言し，明治政府が誕生する		

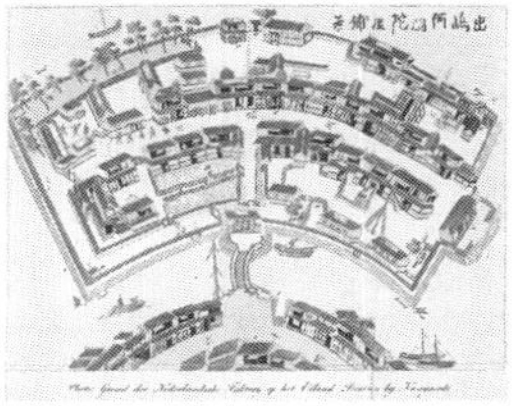
出島（長崎県）

日新館（福島県）

大政奉還図

知っ得！ 明治5年12月3日に明治の改暦があり，その日が明治6年1月1日となりました。そのため江戸時代最後の慶応は旧暦の月日と新暦の月日で1ヶ月ほどずれています。

歴史年表まるわかりワーク⑤

年表を通して情報を適切に調べまとめよう

名前

時代	西暦	元号	出来事	朝鮮	中国
明治時代	1868	明治元	・鳥羽・伏見の戦いが始まる ・新政府より（1　　　　　　　）が出される	朝鮮	清
	1869	明治2	・函館の（2　　　　　）が占領され戊辰戦争が終結 ・蝦夷地を北海道と改称する		
	1871	明治4	・（3　　　　　）が行われ中央集権体制になる ・（4　　　　　）が出され身分制度が廃止される ・岩倉使節団が欧米へ出発する		
	1872	明治5	・学制が発布され（5　　　　　）ができる ・（6　　　　　）が『学問のすゝめ』を出版する ◆文明開化によって，生活や考え方が変わる ・東京ー横浜間に（7　　　　　）が開通する		
	1873	明治6	・（8　　　　　）が出され国民軍が誕生する ・（9　　　　　）が行われ税が現金で納入されるようになる		
	1874	明治7	・（10　　　　　）らが国会を開くことを要求する ◆自由民権運動が盛んになる		
	1877	明治10	・（11　　　　　）が鹿児島で（12　　　　　）戦争を起こす		
	1885	明治18	・内閣制度がつくられ（13　　　　　）が初代総理大臣になる		
	1886	明治19	・（14　　　　　）事件が起き，条約改正の世論が高まる		
	1889	明治22	・（15　　　　　）が発布される		
	1890	明治23	・第一回帝国議会が開かれる		
	1894	明治27	・（16　　　　　）がイギリスとの間で治外法権の撤廃に成功する ・（17　　　　　）が勃発する		
	1895	明治28	・（18　　　　　）条約が結ばれ遼東半島（りゃおとんはんとう）や台湾などが日本の領土になる		
	1901	明治34	・（19　　　　　）が明治天皇に足尾銅山鉱毒事件について直訴する		
	1902	明治35	・（20　　　　　）同盟が結ばれる		
	1904	明治37	・（21　　　　　）が勃発（ぼっぱつ）する		
	1905	明治38	・（22　　　　　）条約が結ばれ，南樺太や満州の鉄道を得る	大韓帝国	
	1910	明治43	・日本が（23　　　　　）を併合する		
	1911	明治44	・（24　　　　　）がアメリカとの間で関税自主権を回復する		

五稜郭（函館市）

日本最初の鉄道（新橋ー横浜）

ノルマントン号風刺画

ヒント　廃藩置県／鉄道／板垣退助／西郷隆盛／徴兵令／西南／伊藤博文／ノルマントン号／大日本帝国憲法／五稜郭／学校制度／陸奥宗光／日清戦争／地租改正／下関／日英／日露戦争／ポーツマス／韓国／解放令／小村寿太郎／福沢諭吉／田中正造／五箇条の御誓文

歴史年表まるわかりワーク⑤

年表を通して情報を適切に調べまとめよう

解答A

時代	西暦	元号	出来事	朝鮮	中国
明治時代	1868	明治元	・鳥羽・伏見の戦いが始まる	朝鮮（ちょうせん）	清（しん）
			・新政府より（1 **五箇条の御誓文**　）が出される		
	1869	明治2	・函館の（2 **五稜郭**　）が占領され戊辰戦争が終結		
			・蝦夷地を北海道と改称する		
	1871	明治4	・（3 **廃藩置県**　）が行われ中央集権体制になる		
			・（4 **解放令**　）が出され身分制度が廃止される		
			・岩倉使節団が欧米へ出発する		
	1872	明治5	・学制が発布され（5 **学校制度**　）ができる		
			・（6 **福沢諭吉**　）が『学問のすゝめ』を出版する		
			◆文明開化によって，生活や考え方が変わる		
			・東京ー横浜間に（7 **鉄道**　）が開通する		
	1873	明治6	・（8 **徴兵令**　）が出され国民軍が誕生する		
			・（9 **地租改正**　）が行われ税が現金で納入されるようになる		
	1874	明治7	・（10 **板垣退助**　）らが国会を開くことを要求する		
			◆自由民権運動が盛んになる		
	1877	明治10	・（11 **西郷隆盛**　）が鹿児島で（12 **西南**　）戦争を起こす		
	1885	明治18	・内閣制度がつくられ（13 **伊藤博文**　）が初代総理大臣になる		
	1886	明治19	・（14 **ノルマントン号**　）事件が起き，条約改正の世論が高まる		
	1889	明治22	・（15 **大日本帝国憲法**　）が発布される		
	1890	明治23	・第一回帝国議会が開かれる		
	1894	明治27	・（16 **陸奥宗光**　）がイギリスとの間で治外法権の撤廃に成功する		
			・（17 **日清戦争**　）が勃発する		
	1895	明治28	・（18 **下関**　）条約が結ばれ遼東半島（りゃおとんはんとう）や台湾などが日本の領土になる		
	1901	明治34	・（19 **田中正造**　）が明治天皇に足尾銅山鉱毒事件について直訴する		
	1902	明治35	・（20 **日英**　）同盟が結ばれる	大韓帝国（だいかんていこく）	
	1904	明治37	・（21 **日露戦争**　）が勃発（ぼっぱつ）する		
	1905	明治38	・（22 **ポーツマス**　）条約が結ばれ，南樺太や満州の鉄道を得る		
	1910	明治43	・日本が（23 **韓国**　）を併合する		
	1911	明治44	・（24 **小村寿太郎**　）がアメリカとの間で関税自主権を回復する		

五稜郭（函館市）

日本最初の鉄道（新橋ー横浜）

ノルマントン号風刺画

知っ得！ ノルマントン号事件の風刺画はフランス人のビゴーが，事件の1年後に起きたフランス船メンザレ号の沈没を題材にして，イギリスの対応の悪さが条約改正の道をつくってしまったことを風刺しています。

歴史年表まるわかりワーク⑥

年表を通して情報を適切に調べまとめよう

名前

時代	西暦	元号	出来事	朝鮮	中国
大正時代	1914	大正3	・日本が（1　　　　　　　　）に参戦する	日本統治	中華民国
	1918	大正7	・富山で発生した（2　　　　　）が全国へ広がる		
			・ロシアで起きた革命のために日本軍をシベリアに出兵させる		
			◆差別をなくす運動や普通選挙を要求する運動が盛んになる		
	1923	大正12	・（3　　　　　　）が発生する		
	1925	大正14	・（4　　　　　　）が成立する		
昭和時代	1929	昭和4	・世界中で株価が暴落し，ひどい不景気になる		
			◆失業者など生活に行きづまる人々が多くなる		
	1931	昭和6	・日本軍が満州鉄道で線路を爆破しこれを中国の仕業として（5　　　　　　）を起こす		
	1932	昭和7	・日本が（6　　　　　）を建国する		
			・五・一五事件が起こり，軍部が（7　　　　　　　）を暗殺する		
	1933	昭和8	・日本が（8　　　　　　）を脱退する		
	1937	昭和12	・（9　　　　）戦争が始まる		
	1939	昭和14	・第二次世界大戦が起こる		
	1940	昭和15	・（10　　　　　）三国軍事同盟を締結		
	1941	昭和16	・日本がアメリカを相手に（11　　　　　）戦争を始める		
			◆戦争のために国民の生活が苦しくなる		
	1945	昭和20	・（12　　　）と（13　　　）に原子爆弾が落とされ，日本は連合国に降伏する	米ソ占領	
	1946	昭和21	・（14　　　　　　）が公布される		
	1951	昭和26	・（15　　　　　　　　　）平和条約・日米安全保障条約が結ばれる	大韓民国／朝鮮民主主義人民共和国	中華人民共和国
	1956	昭和31	・（16　　　　　　）に加盟する		
	1964	昭和39	・（17　　　　　　　　　）・パラリンピックが開催される		
	1972	昭和47	・（18　　　　　）冬季オリンピックが開催される		
			・（19　　　　　）が日本に復帰する		
平成・令和	1995	平成7	・阪神・淡路大震災が起こる		
	1998	平成10	・（20　　　　　）オリンピック・パラリンピックが開催される		
	2002	平成14	・日本と（21　　　　　）共同でサッカーワールドカップを開催する		
	2011	平成23	・（22　　　　　　）が発生する		
	2020	令和02	・新型コロナウイルスによるパンデミックのため東京オリンピックが2021年予定に延期される		

関東大震災

神風特別攻撃隊

東京オリンピック（1964年）

ヒント　満州事変／犬養毅首相／日中／満州国／日独伊／太平洋／日本国憲法／国際連盟／サンフランシスコ／普通選挙法／第一次世界大戦／国際連合／関東大震災／東京オリンピック／米騒動／札幌／沖縄／長野／韓国／東日本大震災／広島／長崎

歴史年表まるわかりワーク⑥

年表を通して情報を適切に調べまとめよう

解答A

時代	西暦	元号	出来事	朝鮮	中国
大正時代	1914	大正3	・日本が（1 **第一次世界大戦**　）に参戦する	日本統治	中華民国
	1918	大正7	・富山で発生した（2 **米騒動**　）が全国へ広がる		
			・ロシアで起きた革命のために日本軍をシベリアに出兵させる		
			◆差別をなくす運動や普通選挙を要求する運動が盛んになる		
	1923	大正12	・（3 **関東大震災**　）が発生する		
	1925	大正14	・（4 **普通選挙法**　）が成立する		
昭和時代	1929	昭和4	・世界中で株価が暴落し，ひどい不景気になる		
			◆失業者など生活に行きづまる人々が多くなる		
	1931	昭和6	・日本軍が満州鉄道で線路を爆破しこれを中国の仕業として（5 **満州事変**　）を起こす		
	1932	昭和7	・日本が（6 **満州国**　）を建国する		
			・五・一五事件が起こり，軍部が（7 **犬養毅首相**　）を暗殺する		
	1933	昭和8	・日本が（8 **国際連盟**　）を脱退する		
	1937	昭和12	・（9 **日中**　）戦争が始まる		
	1939	昭和14	・第二次世界大戦が起こる		
	1940	昭和15	・（10 **日独伊**　）三国軍事同盟を締結		
	1941	昭和16	・日本がアメリカを相手に（11 **太平洋**　）戦争を始める		
			◆戦争のために国民の生活が苦しくなる		
	1945	昭和20	・（12 **広島**　）と（13 **長崎**　）に原子爆弾が落とされ，日本は連合国に降伏する	米ソ占領	
	1946	昭和21	・（14 **日本国憲法**　）が公布される		
	1951	昭和26	・（15 **サンフランシスコ**　）平和条約・日米安全保障条約が結ばれる	大韓民国／朝鮮民主主義人民共和国	中華人民共和国
	1956	昭和31	・（16 **国際連合**　）に加盟する		
	1964	昭和39	・（17 **東京オリンピック**　）・パラリンピックが開催される		
	1972	昭和47	・（18 **札幌**　）冬季オリンピックが開催される		
			・（19 **沖縄**　）が日本に復帰する		
平成・令和	1995	平成7	・阪神・淡路大震災が起こる		
	1998	平成10	・（20 **長野**　）オリンピック・パラリンピックが開催される		
	2002	平成14	・日本と（21 **韓国**　）共同でサッカーワールドカップを開催する		
	2011	平成23	・（22 **東日本大震災**　）が発生する		
	2020	令和02	・新型コロナウイルスによるパンデミックのため東京オリンピックが2021年予定に延期される		

関東大震災

神風特別攻撃隊

東京オリンピック（1964年）

知っ得！ 1940年に東京オリンピックが開催される予定でしたが，日中戦争のために開催権を返上しました。かわりはフィンランド・ヘルシンキでしたが結局，第二次世界大戦で，4年後のロンドンも含めて中止になりました。

●本州と北海道に関する時代区分年表

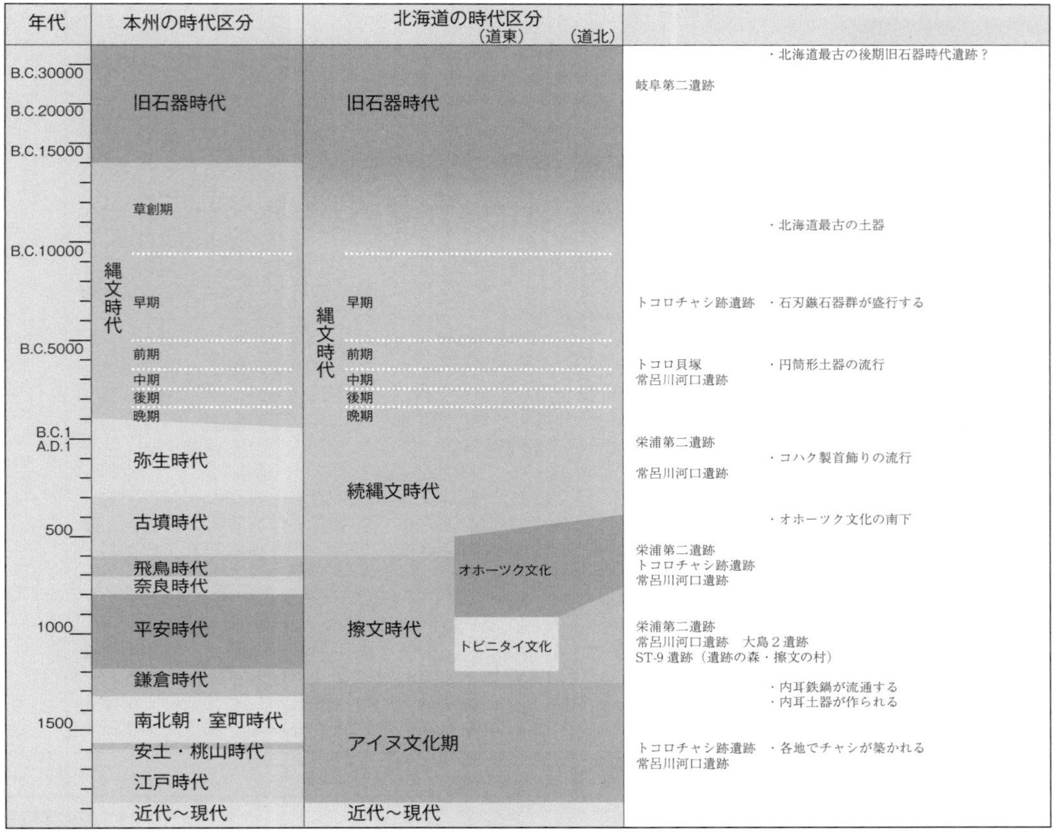

年代
本州の時代区分
北海道の時代区分
（道東）
（道北）
B.C.30000
B.C.20000
B.C.15000
B.C.10000
B.C.5000
B.C.1
A.D.1
500
1000
1500
旧石器時代
縄文時代
草創期
早期
前期
中期
後期
晩期
弥生時代
古墳時代
飛鳥時代
奈良時代
平安時代
鎌倉時代
南北朝・室町時代
安土・桃山時代
江戸時代
近代～現代
旧石器時代
縄文時代
早期
前期
中期
後期
晩期
続縄文時代
オホーツク文化
擦文時代
トビニタイ文化
アイヌ文化期
近代～現代
・北海道最古の後期旧石器時代遺跡？
岐阜第二遺跡
・北海道最古の土器
トコロチャシ跡遺跡　・石刃鏃石器群が盛行する
トコロ貝塚
常呂川河口遺跡
・円筒形土器の流行
栄浦第二遺跡
常呂川河口遺跡
・コハク製首飾りの流行
・オホーツク文化の南下
栄浦第二遺跡
トコロチャシ跡遺跡
常呂川河口遺跡
栄浦第二遺跡
常呂川河口遺跡　大島２遺跡
ST-9 遺跡（遺跡の森・擦文の村）
・内耳鉄鍋が流通する
・内耳土器が作られる
トコロチャシ跡遺跡　・各地でチャシが築かれる
常呂川河口遺跡

資料提供元：北見市教育委員会

第6章

地図編

新学習指導要領では内容項目の中に
「遺跡や文化財，地図や年表などの資料で調べ，
まとめる」ことがこれまでより具体的に明示されました。

歴史地図まるわかりワーク①

歴史を地図を通して適切に調べまとめよう

名前

（1　　　）は明治時代の北海道の海の玄関口でした。荷あげしたものは倉庫まで水路で運ばれ，そこから（2　　　）で札幌まで物資が運ばれました。鉄道は三笠まで延伸し（3　　　）などを本州へ輸送しました。

（5　　　）には開拓使が置かれ北海道開拓の中心地となりました。クラークが教頭であった札幌農学校もつくられ，演舞場は現在も（6　　　）として残っています。

明治時代に北海道の開拓や警備にあたった兵士のことを（7　　　　）と呼びます。札幌，石狩地方から始まりしだいに内陸，道東へと展開しました。

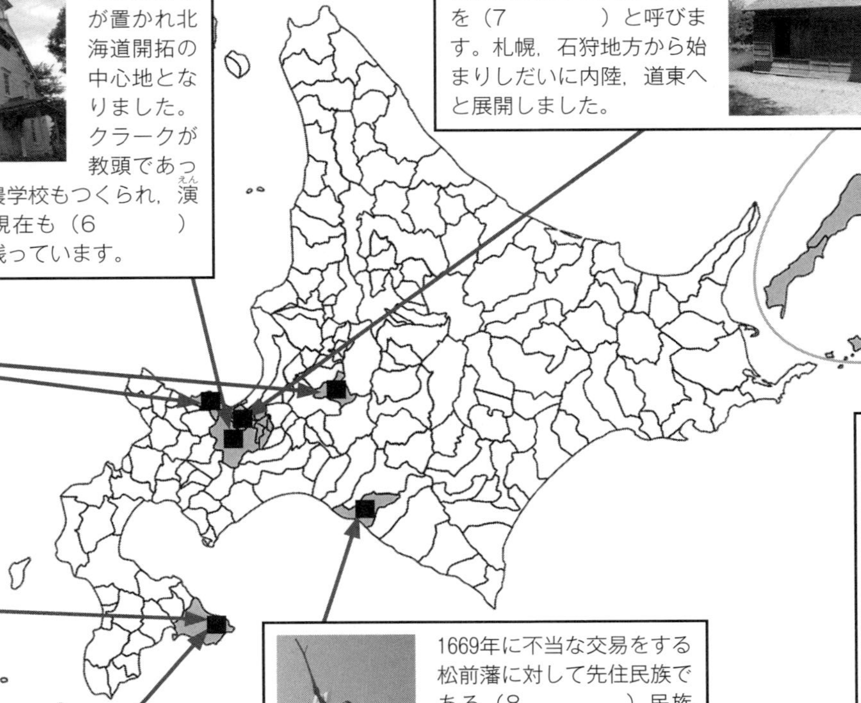

（4　　　　）はもともとは江戸時代末期に幕府により建造されたイタリア式の城郭でしたが，箱館戦争で旧幕府軍によって占領されました。

1854年，
日米和親条約で
開港（箱館）

1669年に不当な交易をする松前藩に対して先住民族である（8　　　　）民族が（9　　　　）を中心に争いを起こしましたが鎮圧されました。

択捉島，国後島，色丹島，歯舞諸島からなる（10　　　）は日本固有の領土です。しかし，第二次大戦後すぐに（11　　　）が不法占拠しました。現在も返還をもとめています。

歴史地図まるわかりワーク①

歴史を地図を通して適切に調べまとめよう

解答A

（1 **小樽**）は明治時代の北海道の海の玄関口でした。荷あげしたものは倉庫まで水路で運ばれ，そこから（2 **鉄道**）で札幌まで物資が運ばれました。鉄道は三笠まで延伸し（3 **石炭**）などを本州へ輸送しました。

（5 **札幌市**）には開拓使が置かれ北海道開拓の中心地となりました。クラークが教頭であった札幌農学校もつくられ，演舞場は現在も（6 **時計台**）として残っています。

明治時代に北海道の開拓や警備にあたった兵士のことを（7 **屯田兵**　）と呼びます。札幌，石狩地方から始まりしだいに内陸，道東へと展開しました。

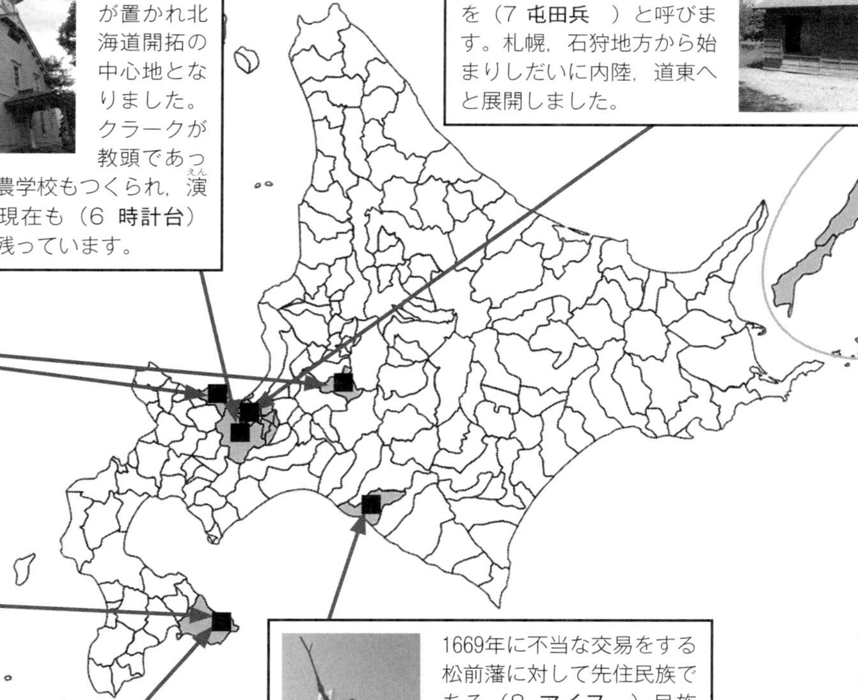

（4 **五稜郭**　）はもともとは江戸時代末期に幕府により建造されたイタリア式の城郭でしたが，箱館戦争で旧幕府軍によって占領されました。

1854年，
日米和親条約で
開港（箱館）

1669年に不当な交易をする松前藩に対して先住民族である（8 **アイヌ**　）民族が（9 **シャクシャイン**　）を中心に争いを起こしましたが鎮圧されました。

択捉島，国後島，色丹島，歯舞諸島からなる（10 **北方領土**）は日本固有の領土です。しかし，第二次大戦後すぐに（11 **ロシア**）が不法占拠しました。現在も返還をもとめています。

歴史地図まるわかりワーク②

歴史を地図を通して適切に調べまとめよう

名前

青森県青森市にある（1　　　　　）は今から5,900年ほど前の縄文時代の集落跡です。大型の竪穴建造物や大型の掘立建造物など縄文時代のイメージを大きく変えました。

山形県山形市にある（2　　　　　）は江戸時代に（3　　　　　）が訪れ「閑さや岩にしみ入る蝉の声」の名句を残しました。後にこの紀行で詠んだ多くの俳句が（4　　　　　）にまとめられました。

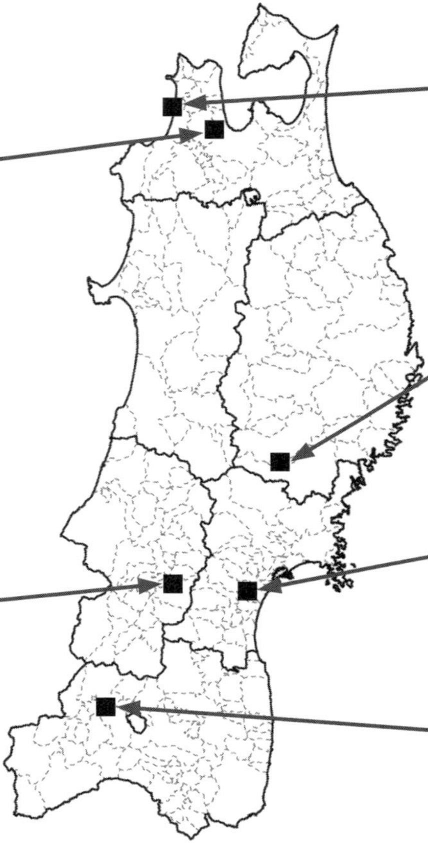

青森県つがる市にある亀ヶ岡遺跡は縄文時代晩期の遺跡です。遮光器（ゴーグル）をつけたような（5　　　　　）が発見されたことで有名です。

岩手県（6　　　　）にある中尊寺金色堂は平安時代に栄えた奥州藤原氏が建てました。（7　　　　　）をかくまったことで源頼朝に攻められ滅亡しました。

宮城県仙台市は江戸時代の仙台藩主（8　　　　　）の城下町として発展した町です。戦国時代はわずか23歳で奥州をほぼ支配するほどの実力者でした。

福島県会津若松市にある，（9　　　　　）は江戸時代の会津藩の（10　　　　　）です。白虎隊をはじめ，戊辰戦争やその後に活躍する多くの人材を輩出しました。

歴史を地図を通して適切に調べまとめよう

解答 A

青森県青森市にある（1 **三内丸山遺跡**　　）は今から5,900年ほど前の縄文時代の集落跡です。大型の竪穴建造物や大型の掘立建造物など縄文時代のイメージを大きく変えました。

山形県山形市にある（2 **立石寺**　　）は江戸時代に（3 **松尾芭蕉**　　）が訪れ「閑さや岩にしみ入る蝉の声」の名句を残しました。後にこの紀行で詠んだ多くの俳句が（4 **奥の細道**　　）にまとめられました。

青森県つがる市にある亀ヶ岡遺跡は縄文時代晩期の遺跡です。遮光器（ゴーグル）をつけたような（5 **土偶**　　）が発見されたことで有名です。

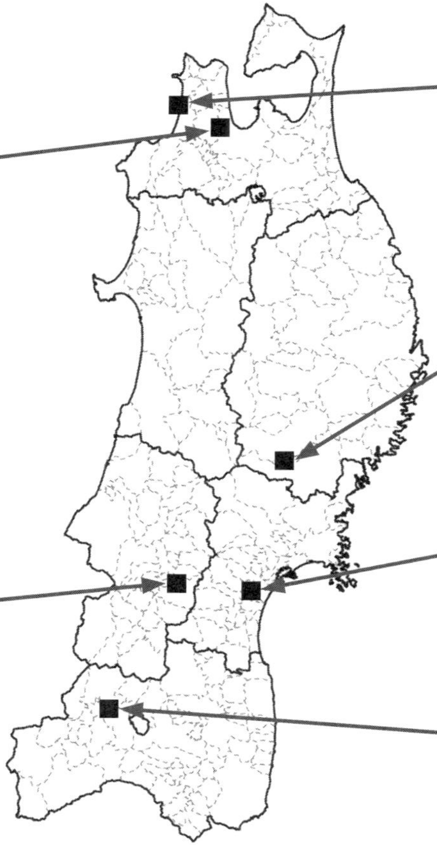

岩手県（6 **平泉**　）にある中尊寺金色堂は平安時代に栄えた奥州藤原氏が建てました。（7 **源義経**　　）をかくまったことで源頼朝に攻められ滅亡しました。

宮城県仙台市は江戸時代の仙台藩主（8 **伊達政宗**　）の城下町として発展した町です。戦国時代はわずか23歳で奥州をほぼ支配するほどの実力者でした。

福島県会津若松市にある，（9 **日新館**　　）は江戸時代の会津藩の（10 **藩校**　　）です。白虎隊をはじめ，戊辰戦争やその後に活躍する多くの人材を輩出しました。

歴史地図まるわかりワーク③

歴史を地図を通して適切に調べまとめよう

名前

1872年，群馬県富岡に設立された日本初の本格的な器械製糸工場が（1　　　　）です。フランスの技術を導入して，当時としては世界最大級の規模で，（2　　　）を生産しました。全国から多くの（3　　　）が集まり働いていました。

埼玉県行田市の稲荷山古墳で出土した鉄剣には，大和朝廷の大王（5　　　　　）の名が刻まれていました。熊本県の江田船山古墳で出土したものにも同じ銘文（めいぶん）があり朝廷の広がりを示しています。

栃木県日光市に所在する（8　　　　　　）は徳川家康をまつった神社です。神社の数多くが国宝に指定されていますが特に豪華な陽明門が有名です。

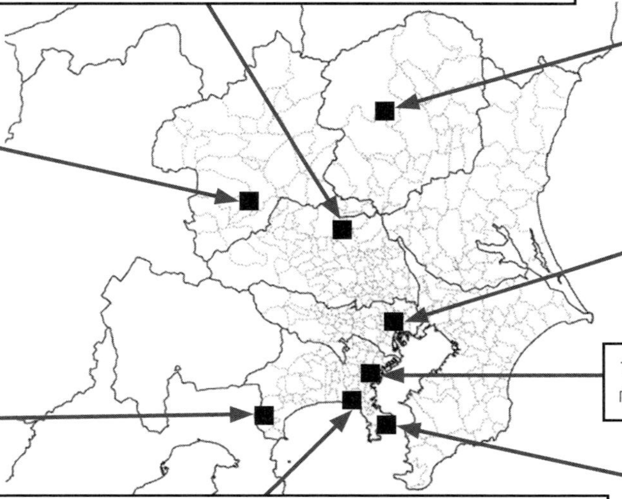

東京都千代田区にあり現在は皇居となっているのが（9　　　　）です。城の広さも，天守も，日本一の大きさでした。4代家綱のときに天守は大火で消失しましたが，その後は天下泰平の世の中だったこともあり建造は中止されました。

1858年，日米修好通帳条約で開港（横浜）

江戸幕府によって神奈川県箱根に設置された東海道の（4　　　　）です。江戸と京都，大阪を結ぶ重要な位置にあり，厳重な監視体制がとられました。

神奈川県鎌倉市は源頼朝によって鎌倉幕府が開かれた地です。鎌倉武士の守護神で源頼朝ゆかりの神社である（6　　　　　　）が中心地です。走る馬から弓を射る（7　　　　　）が今でも伝統的に行われています。

1853年，アメリカから（10　　　　）が神奈川県浦賀沖に来航。その後，久里浜に上陸し大統領の国書が渡されました。

歴史地図まるわかりワーク③

歴史を地図を通して適切に調べまとめよう

解答A

1872年，群馬県富岡に設立された日本初の本格的な器械製糸工場が（1 **富岡製糸場**）です。フランスの技術を導入して，当時としては世界最大級の規模で，（2 **生糸**）を生産しました。全国から多くの（3 **工女**）が集まり働いていました。

埼玉県行田市の稲荷山古墳で出土した鉄剣には，大和朝廷の大王（5 **ワカタケル**）の名が刻まれていました。熊本県の江田船山古墳で出土したものにも同じ銘文（めいぶん）があり朝廷の広がりを示しています。

栃木県日光市に所在する（8 **日光東照宮**　）は徳川家康をまつった神社です。神社の数多くが国宝に指定されていますが特に豪華な陽明門が有名です。

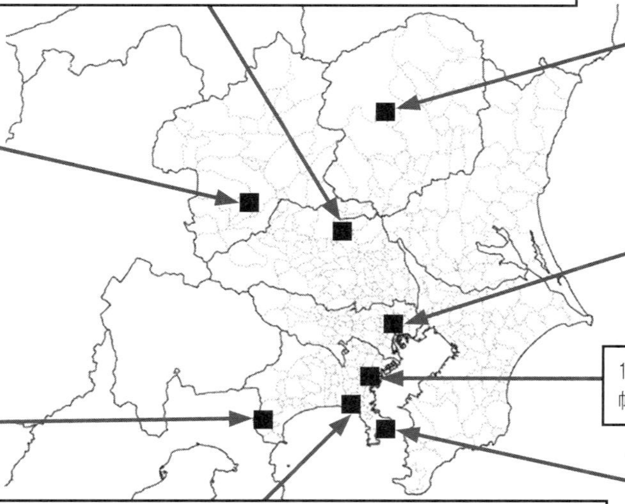

東京都千代田区にあり現在は皇居となっているのが（9 **江戸城**）です。城の広さも，天守も，日本一の大きさでした。4代家綱のときに天守は大火で消失しましたが，その後は天下泰平の世の中だったこともあり建造は中止されました。

1858年，日米修好通商条約で開港（横浜）

江戸幕府によって神奈川県箱根に設置された東海道の（4 **関所**　）です。江戸と京都，大阪を結ぶ重要な位置にあり，厳重な監視体制がとられました。

神奈川県鎌倉市は源頼朝によって鎌倉幕府が開かれた地です。鎌倉武士の守護神で源頼朝ゆかりの神社である（6 **鶴岡八幡宮**　）が中心地です。走る馬から弓を射る（7 **やぶさめ**　）が今でも伝統的に行われています。

1853年，アメリカから（10 **ペリー**　）が神奈川県浦賀沖に来航。その後，久里浜に上陸し大統領の国書が渡されました。

歴史地図まるわかりワーク④

歴史を地図を通して適切に調べまとめよう

名前

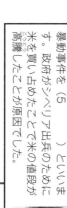

1918年富山県の主婦たちを中心に運動がはじまり，全国へ広まった暴動事件を（5　　　）といいます。政府がシベリア出兵のために米を買い占めたことで米の値段が高騰（こうとう）したことが原因でした。

新潟県の（9　　）金山は1601年に開山され江戸幕府の天領として，奉行所が置かれました。小判の製造も行われ幕府の財政を支えました。

1600年岐阜県（1　　　）で戦国大名が東西に分かれて激突した戦を（1 ）の戦いと言います。徳川家康を大将とする東軍と（2　　　）を中心とする西軍が戦い，家康が勝利しました。

1858年，日米修好通商条約で開港（新潟）

1876年に長野県松本市に建てられた（10　　　）学校は文明開化時代につくられた代表的な小学校です。近代学校建築として国宝に指定されました。

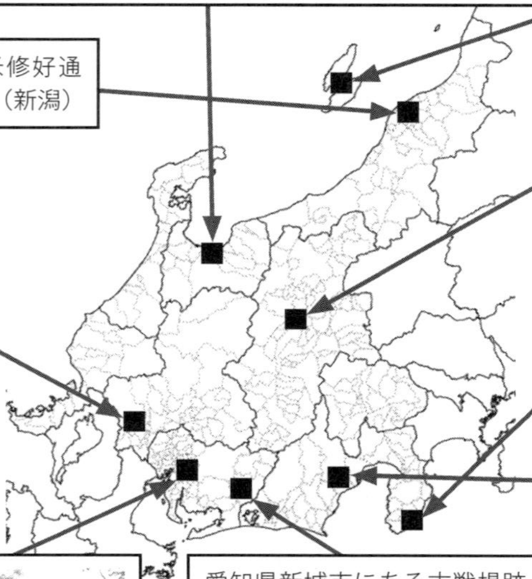

1854年，日米和親条約で開港（下田），横浜開港後に閉鎖

静岡市立登呂博物館

静岡県静岡市にある（11　　）遺跡は弥生時代後期の水田跡として有名です。穀物を蓄える倉庫として考えられている（12　　）倉庫が発掘された遺跡としても有名です。

愛知県豊明市にある古戦場跡は織田信長と（3　　　）が戦った（4　　　）の戦いです。尾張の大名であった信長は少数の軍勢で本陣を強襲し勝利しました。

愛知県新城市にある古戦場跡は織田信長が（6　　　）と戦った（7　　）の戦いです。この戦いでは信長が3,000丁の（8　　）をつかって勝利しました。

歴史を地図を通して適切に調べまとめよう

解答A

1600年岐阜県（1 **関ヶ原**）で戦国大名が東西に分かれて激突した戦を（1 ）の戦いと言います。徳川家康を大将とする東軍と（2 **石田三成**）を中心とする西軍が戦い，家康が勝利しました。

1918年富山県の主婦たちを中心に運動がはじまり，全国へ広まった暴動事件を（5 **米騒動**）といいます。政府がシベリア出兵のために米を買い占めたことで米の値段が高騰（こうとう）したことが原因でした。

新潟県の（9 **佐渡**）金山は1601年に開山され江戸幕府の天領として，奉行所が置かれました。小判の製造も行われ幕府の財政を支えました。

1858年，日米修好通商条約で開港（新潟）

1876年に長野県松本市に建てられた（10 **旧開智**）学校は文明開化時代につくられた代表的な小学校です。近代学校建築として国宝に指定されました。

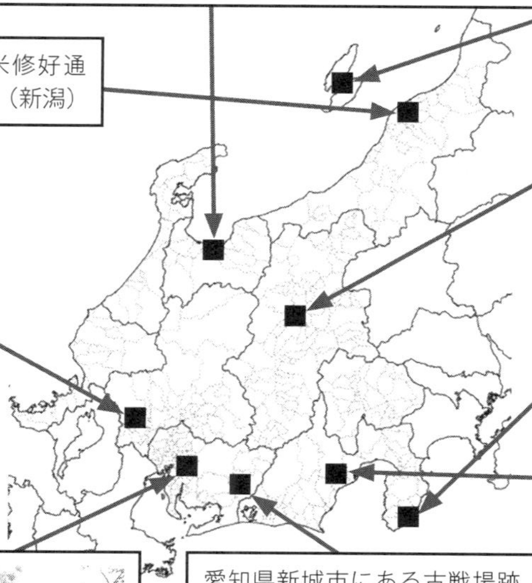

1854年，日米和親条約で開港（下田），横浜開港後に閉鎖

静岡市立登呂博物館

静岡県静岡市にある（11 **登呂**）遺跡は弥生時代後期の水田跡として有名です。穀物を蓄える倉庫として考えられている（12 **高床**）倉庫が発掘された遺跡としても有名です。

愛知県豊明市にある古戦場跡は織田信長と（3 **今川義元**）が戦った（4 **桶狭間**）の戦いです。尾張の大名であった信長は少数の軍勢で本陣を強襲し勝利しました。

愛知県新城市にある古戦場跡は織田信長が（6 **武田勝頼**）と戦った（7 **長篠**）の戦いです。この戦いでは信長が3,000丁の（8 **鉄砲**）をつかって勝利しました。

歴史地図まるわかりワーク⑤

歴史を地図を通して適切に調べまとめよう

名前

710年，元明天皇により，奈良に遷都された都が，（1　　　）です。中国の都（長安）にならってつくられ，東西南北にのびる道路で碁盤（ごばん）の目のように区切られました。都内には東大寺が置かれ（2　　　）がつくられました。

桓武天皇によって794年に遷都された都が（6　　　）です。現在の京都市の基礎となりました。このときから明治時代のはじめまで皇居が置かれた地となります。

滋賀県の近江八幡市に織田信長が築城した城を（8　　　）と言います。本格的な（9　　　）を持つ城であったとされ，その後の城の手本になりました。

豊臣秀吉が大阪に築いた城が（7　　　）です。大阪夏の陣で焼失しました。

1858年，日米修好通商条約で開港（神戸）

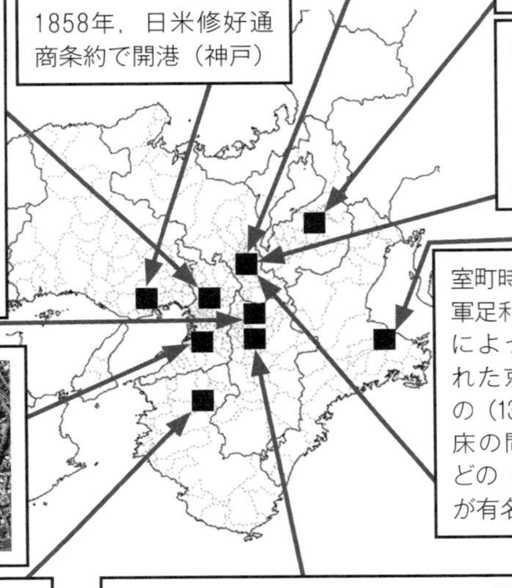

室町時代に3代将軍足利（10　　　）によって建てられた京都市北山の（11　　　）は建物の内外に金箔（きんぱく）を貼った3層の楼閣建築（ろうかくけんちく）です。

室町時代に8代将軍足利（12　　　）によって建てられた京都市東山の（13　　　）は，床の間や障子などの（14　　　）が有名です。

三重県伊勢市にある全ての神社の上に位置する神社を（15　　　）と言います。江戸時代には庶民（しょみん）の間でお伊勢参りが流行し多くの人々が全国から参拝に来ました。

大阪市堺市にある日本最大の古墳が（3　　　）古墳※です。その形状はヤマト王権時代に多く見られた（4　　　）となっています。2019年に世界遺産に認定されました。

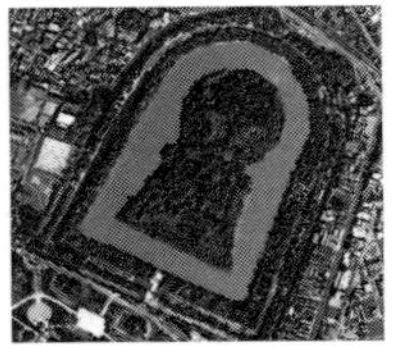

和歌山県（5　　　）は平安時代に空海が開いた日本の仏教の聖地の一つです。100以上のお寺が密集した宗教都市で人口約300人のうち3分の1が僧侶です。

奈良時代の607年に（16　　　）が奈良県斑鳩町に建てたのが（17　　　）です。五重の塔（とう）は現存する世界最古の木造建築です。1993年に世界遺産に登録されています。

※写真：©国土画像情報，国土交通省

歴史地図まるわかりワーク⑤

歴史を地図を通して適切に調べまとめよう

解答A

710年，元明天皇により，奈良に遷都された都が，（1 **平城京**）です。中国の都（長安）にならってつくられ，東西南北にのびる道路で碁盤（ごばん）の目のように区切られました。都内には東大寺が置かれ（2 **奈良の大仏**　　）がつくられました。

桓武天皇によって794年に遷都された都が（6 **平安京**）です。現在の京都市の基礎となりました。このときから明治時代のはじめまで皇居が置かれた地となります。

滋賀県の近江八幡市に織田信長が築城した城を（8 **安土城**）と言います。本格的な（9 **天守閣**）を持つ城であったとされ，その後の城の手本になりました。

豊臣秀吉が大阪に築いた城が（7 **大阪城**）です。大阪夏の陣で焼失しました。

1858年，日米修好通商条約で開港（神戸）

室町時代に3代将軍足利（10 **義満**　　）によって建てられた京都市北山の（11 **金閣**　）は建物の内外に金箔（きんぱく）を貼った3層の楼閣建築（ろうかくけんちく）です。

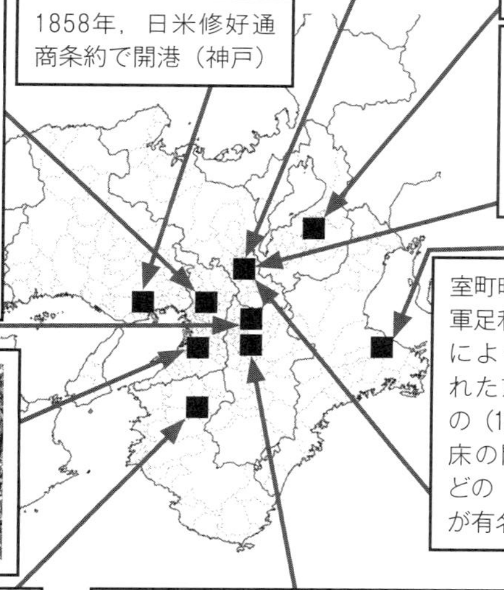

室町時代に8代将軍足利（12 **義政**）によって建てられた京都市東山の（13 **銀閣**）は，床の間や障子などの（14 **書院造**）が有名です。

三重県伊勢市にある全ての神社の上に位置する神社を（15 **伊勢神宮**　　　　　）と言います。江戸時代には庶民（しょみん）の間でお伊勢参りが流行し多くの人々が全国から参拝に来ました。

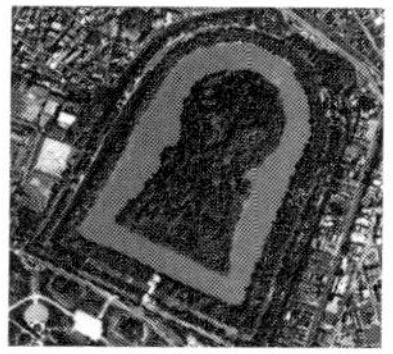

大阪市堺市にある日本最大の古墳が（3 **大仙陵**　　）古墳※です。その形状はヤマト王権時代に多く見られた（4 **前方後円墳**）となっています。2019年に世界遺産に認定されました。

和歌山県（5 **高野山**　　　）は平安時代に空海が開いた日本の仏教の聖地の一つです。100以上のお寺が密集した宗教都市で人口約300人のうち3分の1が僧侶です。

奈良時代の607年に（16 **聖徳太子**　　　　）が奈良県斑鳩町に建てたのが（17 **法隆寺**　　）です。五重の塔（とう）は現存する世界最古の木造建築です。1993年に世界遺産に登録されています。

※写真：©国土画像情報，国土交通省

歴史地図まるわかりワーク⑥

歴史を地図を通して適切に調べまとめよう

名前

江戸時代末期，長州藩（山口県）に存在した私塾を（1　　　　　　）と言います。吉田松陰が指導した短い時期の塾生の中から多くの人材が明治維新の立役者となっています。

広島湾に浮かぶ宮島に鎮座する神社を（2　　　　　）と呼びます。平安時代末期に（3　　　　　）によって現在の形に整えられました。1996年に世界遺産に登録されています。

1945年8月6日に広島に落とされた（4　　　）の真下にあった産業奨励館が被害を受けながらも全壊はせずに残りました。その姿を（5　　　　　）と呼び，この悲劇を後世に残すために「負の世界遺産」として，現存しています。

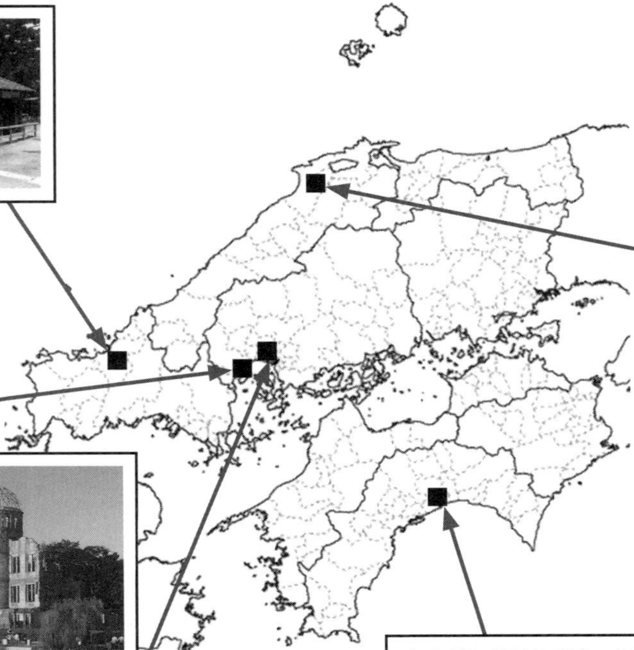

島根県出雲市にある（6　　　　）は，神話の時代から登場する特別な神社です。伊勢神宮が天津神を祀るのに対し，（6 ）は国津神を祀る神社になります。10月には八百万の神々が集まることでも有名です。古事記にも登場し，当時は高さ約50mの巨大神殿があったとされています。

土佐藩（高知県）を脱藩した（7　　　　　）は，貿易会社，亀山社中を結成しました。また（8　　　　　）の仲立ちをしたり，15代将軍徳川慶喜に（9　　　）を促したりするなど幕末の改革に影響を及ぼしました。しかし，その１ヶ月後に暗殺されました。

歴史を地図を通して適切に調べまとめよう

解答 A

江戸時代末期，長州藩（山口県）に存在した私塾を（1 **松下村塾**　　　　）と言います。吉田松陰が指導した短い時期の塾生の中から多くの人材が明治維新の立役者となっています。

広島湾に浮かぶ宮島に鎮座する神社を（2 **厳島神社**）と呼びます。平安時代末期に（3 **平清盛**　　）によって現在の形に整えられました。1996年に世界遺産に登録されています。

1945年8月6日に広島に落とされた（4 **原爆**）の真下にあった産業奨励館が被害を受けながらも全壊はせずに残りました。その姿を（5 **原爆ドーム**）と呼び，この悲劇を後世に残すために「負の世界遺産」として，現存しています。

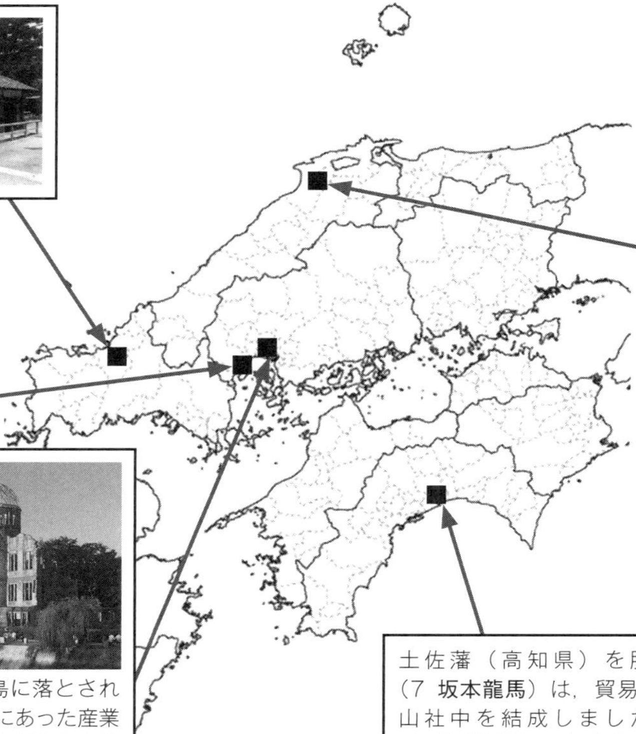

島根県出雲市にある（6 **出雲大社**）は，神話の時代から登場する特別な神社です。伊勢神宮が天津神を祀るのに対し，（6 ）は国津神を祀る神社になります。10月には八百万の神々が集まることでも有名です。古事記にも登場し，当時は高さ約50mの巨大神殿があったとされています。

土佐藩（高知県）を脱藩した（7 **坂本龍馬**）は，貿易会社，亀山社中を結成しました。また（8 **薩長同盟**）の仲立ちをしたり，15代将軍徳川慶喜に（9 **大政奉還**）を促したりするなど幕末の改革に影響を及ぼしました。しかし，その１ヶ月後に暗殺されました。

歴史を地図を通して適切に調べまとめよう

名前

（1　　　）遺跡は福岡県博多区にある弥生時代後期の遺跡です。日本最古の（2　　　）集落の一つで，周囲にはＶ字型断面の（2 ）をめぐらせていることでも有名です。

佐賀県にある弥生時代の大規模な環濠集落跡を，（3　　　　　　）と言います。巨大な祭殿（さいでん）や物見櫓（ものみやぐら），遺体がまとまって埋葬された甕棺（かめかん）など，多くの発見があり，邪馬台国ではないかという説もあります。

1634年江戸幕府の鎖国政策の一環として長崎に築造されたのが（4　　　）です。（5　　　　　）商館をここに移し西欧の貿易の窓口となりました。基本的に出入りは禁止されていました。

沖縄県那覇市にある城は，琉球王朝の（6　　　　　　）です。江戸時代に入り，薩摩藩が3,000人の兵を率いて進軍し，支配下に置きました。その後明治に入り沖縄県となりました。

2018年時点

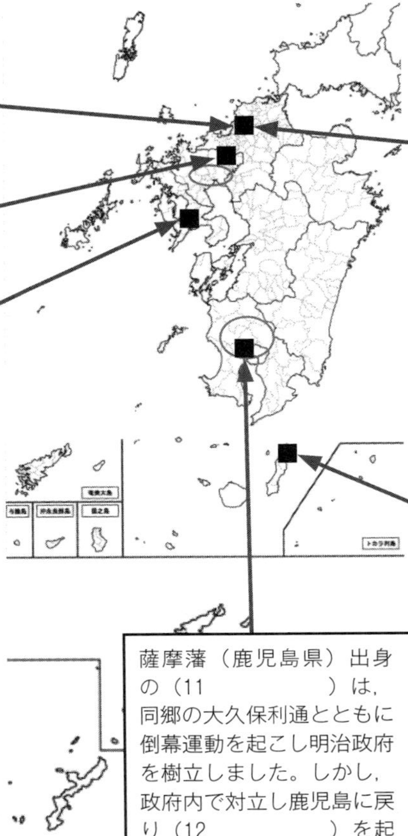

1274年に（7　　）からの侵攻を受けた鎌倉幕府は，その後の侵攻を防ぐために博多湾沿岸に石による（8　　　　　）を築きました。高さ2mでおよそ20kmにもおよぶものだったと言われています。1281年の弘安の役には元軍は進攻できず，効果がありました。

1543年鹿児島県の（9　　　）に漂着（ひょうちゃく）した中国船の乗組員の中にポルトガル人が2人乗っており，彼らが持っていた（10　　　）を島の領主が2丁（ちょう），購入（こうにゅう）しました。その後火薬の調合や製造法を模倣（もほう）し国産品をつくりました。

薩摩藩（鹿児島県）出身の（11　　　　　）は，同郷の大久保利通とともに倒幕運動を起こし明治政府を樹立しました。しかし，政府内で対立し鹿児島に戻り（12　　　　　）を起こしました。

歴史を地図を通して適切に調べまとめよう

解答 A

（1 **板付**）遺跡は福岡県博多区にある弥生時代後期の遺跡です。日本最古の（2 **環濠**）集落の一つで，周囲にはV字型断面の（2 ）をめぐらせていることでも有名です。

佐賀県にある弥生時代の大規模な環濠集落跡を，（3 **吉野ヶ里遺跡** ）と言います。巨大な祭殿（さいでん）や物見櫓（ものみやぐら），遺体がまとまって埋葬された甕棺（かめかん）など，多くの発見があり，邪馬台国ではないかという説もあります。

1634年江戸幕府の鎖国政策の一環として長崎に築造されたのが（4 **出島**）です。（5 **オランダ人**）商館をここに移し西欧の貿易の窓口となりました。基本的に出入りは禁止されていました。

沖縄県那覇市にある城は，琉球王朝の（6 **首里城** ）です。江戸時代に入り，薩摩藩が3,000人の兵を率いて進軍し，支配下に置きました。その後明治に入り沖縄県となりました。

2018年時点

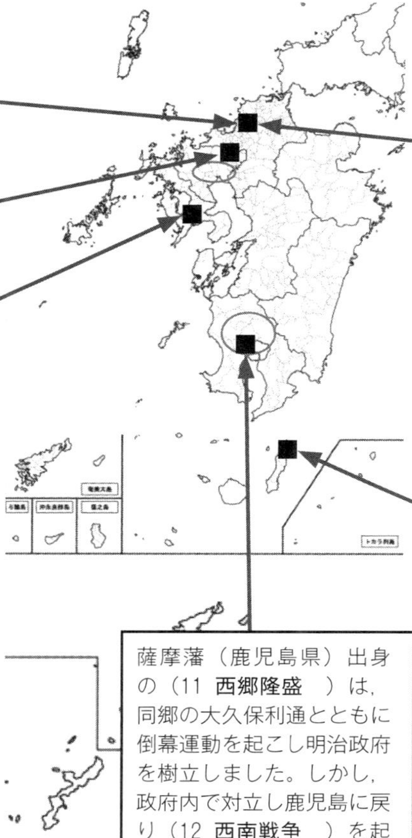

1274年に（7 **元**）からの侵攻を受けた鎌倉幕府は，その後の侵攻を防ぐために博多湾沿岸に石による（8 **防塁** ）を築きました。高さ2mでおよそ20kmにもおよぶものだったと言われています。1281年の弘安の役には元軍は進攻できず，効果がありました。

1543年鹿児島県の（9 **種子島**）に漂着（ひょうちゃく）した中国船の乗組員の中にポルトガル人が2人乗っており，彼らが持っていた（10 **火縄銃**（ひなわじゅう））を島の領主が2丁（ちょう），購入（こうにゅう）しました。その後火薬の調合や製造法を模倣（もほう）し国産品をつくりました。

薩摩藩（鹿児島県）出身の（11 **西郷隆盛** ）は，同郷の大久保利通とともに倒幕運動を起こし明治政府を樹立しました。しかし，政府内で対立し鹿児島に戻り（12 **西南戦争** ）を起こしました。

●日本の白地図

第７章

付録編

自分たちで問題作成できる「問題づくりシート」と
取り組んだワークを記録できる「自己採点シート」をご活用ください。

社会科問題づくりシート

穴埋めや選択肢を使って問題をつくってみよう

名前

❶	❷	❸	❹	❺
① ② ③	① ② ③	① ② ③	① ② ③	① ② ③
❻	❼	❽	❾	❿ チャレンジ
① ② ③	① ② ③	① ② ③	① ② ③	① ② ③

パターン　上段に問題，下段に選択肢を書き入れましょう。また，3つの穴うめ問題でもいいです。

穴埋めや選択肢(せんたくし)を使って問題をつくってみよう

名前

❶	❷	❸	❹	❺
❻	❼	❽	❾	❿ チャレンジ

パターン　上段に資料などを入れて，下段に穴うめ問題をつくりましょう。

自己採点シート

名前

問題番号	回目	回目	回目	回目	回目	回目	回目	回目	回目
政治編									
01 日本国憲法									
02 国の政治									
03 地方自治									
歴史編									
04 縄文時代									
05 弥生時代									
06 古墳時代									
07 飛鳥時代									
08 奈良時代									
09 平安時代									
10 鎌倉時代									
11 室町時代									
12 安土桃山①									
13 安土桃山②									
14 江戸時代①									
15 江戸時代②									
16 江戸時代③									
17 明治時代①									
18 明治時代②									
19 明治時代③									
20 明治時代④									
21 明治時代⑤									
22 明治時代⑥									
23 大正時代									
24 昭和時代①									
25 昭和時代②									
26 昭和時代③									
27 昭和時代④									
28 昭和時代⑤									

自己採点シート

名前

問題番号	回目	回目	回目	回目	回目	回目	回目	回目	回目
国際編									
29 アメリカ									
30 中国									
31 サウジアラビア									
32 韓国									
33 ブラジル									
34 国際連合									
人物編									
35 重要人物①									
36 重要人物②									
37 重要人物③									
38 重要人物④									
39 重要人物⑤									
40 重要人物⑥									
年表編									
41 歴史年表①									
42 歴史年表②									
43 歴史年表③									
44 歴史年表④									
45 歴史年表⑤									
46 歴史年表⑥									
地図編									
47 歴史地図①									
48 歴史地図②									
49 歴史地図③									
50 歴史地図④									
51 歴史地図⑤									
52 歴史地図⑥									
53 歴史地図⑦									

おわりに

昨今，テレビのゴールデンタイムはほとんどが「クイズ番組」ではないでしょうか？　曜日によっては19時からのクイズ番組が終わると，20時からまたクイズ番組が始まることもあります。視聴率がとれているのでしょうね。見ている人がたくさんいるということは，国民は「クイズを解く，問題を解く」ことを好んでいるのでしょう。何より，私も大好きです。本来，人は問題を解くことが大好きなんだと思います。クイズとかなぞなぞとか，そういった遊びは普遍的です。

そう考えると，勉強で取り組む「問題」も楽しく取り組むことができるはずです。しかし，現実はどうでしょう？　問題プリントを配ると，「え～」とがっかりする子どもたちが多くはないでしょうか？　その大きな要因は，「点数化」と「成績」です。問題の「出来」によって，すぐに評価されてしまうことが，子どもたちを「問題嫌い」にさせてしまっています。

「教室は間違える場所だ」などと言いながら，実際には間違えると点数が下がります。すると評価も下がります。先生は「この問題は授業でやったでしょ」と言い，親は「この点数は何！」としかります。これでは，問題嫌いになるのは当然です。

私は子どもたちにもっと楽しく問題を解いてほしいと思っています。わからなくても，答えを見て「そういうことかぁ」と笑顔で直す子どもになってほしいと思います。プリントが間違いだらけで真っ赤になっても，「今日はいろんなことがわかったな」と感じるような授業を行ってほしいと思っています。そしていつの日か全問正解することを目指して，何度も取り組むことが「主体的な学び」につながると考えています。

また，問題づくりにもたくさん取り組んでほしいです。自分がつくった難問，引っ掛け問題，意地悪問題を友達に出題して，悩む友達を見て満足する表情が見たいです。その問題を，打ち破り正答する友達の表情が見たいです。そんな仲間との対話が生まれる学びをもっと授業に取り入れられないかなと思い，この書籍を執筆しました。子どもたちの悩む姿に期待しています。

今年からプログラミング教育もスタートします。プログラミングで問題づくりなんかもできそうです。【①問題を提示する，②選択肢を提示する，③アを選んだ場合は「正解」を提示し，イを選んだ場合は「不正解」を提示する】といったプログラムは簡単につくれます。

まずは，間違えることを楽しむ子どもたちを育ててください。点数化して成長をとめるのではなく，やり直しして成長するように本書を活用していただければ幸いです。

最後に本書発行の機会を与えてくださった明治図書の及川誠さん，校正の杉浦佐和子さんに感謝を申し上げます。

朝倉一民

【参考・引用】

〔歴史人物イラスト〕前田康裕

〔白地図〕白地図専門店（https://www.freemap.jp/）

【著者紹介】

朝倉　一民（あさくら　かずひと）

北海道札幌市立発寒南小学校教頭。2009年日教弘教育賞全国奨励賞受賞（個人部門），2010年・2011年全日本小学校 HP 大賞都道府県優秀校受賞，2014年日教弘全国最優秀受賞（学校部門・執筆），2015年パナソニック教育財団実践研究助成優秀賞受賞，2016年北海道 NIE 優秀実践報告受賞

【所属・資格】北海道社会科教育連盟，北海道雪プロジェクト，北海道 NIE 研究会，IntelMasterTeacher，NIE アドバイザー，文科省 ICT 活用教育アドバイザー

【単著】『子ども熱中！　小学社会「アクティブ・ラーニング」授業モデル』（明治図書）

『主体的・対話的で深い学びを実現する！　板書＆展開例でよくわかる　社会科授業づくりの教科書』シリーズ（明治図書）

【共著】『授業づくりとメディアの活用』（ジャストシステム），『THE 見える化』『THE 学級開きネタ集』（以上，明治図書）

主体的・対話的で深い学びを実現する！
社会科授業ワーク大全　6年

2020年９月初版第１刷刊 ©著　者 朝　倉　一　民
発行者 藤　原　光　政
発行所 明治図書出版株式会社
http://www.meijitosho.co.jp
（企画）及川　誠（校正）杉浦佐和子
〒114-0023　東京都北区滝野川7-46-1
振替00160-5-151318　電話03(5907)6703
ご注文窓口　電話03(5907)6668

＊検印省略　組版所 藤原印刷株式会社

Printed in Japan　ISBN978-4-18-333617-0

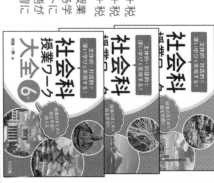